골프

바르게 알고 치자

골프 바르게 알고 치자

2021년 3월 10일 초판 인쇄
2021년 3월 20일 초판 발행

지 은 이 문강순
펴 낸 이 한신규
본문 디자인 홍인기
표지 디자인 홍인기
펴 낸 곳 글터
주   소 05827 서울특별시 송파구 동남로 11길 19(가락동)
전   화 070-7613-9110
F a x 02-443-0212
등   록 2013년 4월 12일(제25100-2013-000041호)
E-mail geul2013@naver.com

ISBN 979-11-88353-14-9 03690 정가 20,000원

골프, 바르게 알고 익히면 어렵지 않다.

골프
바르게 알고 치자

문강순

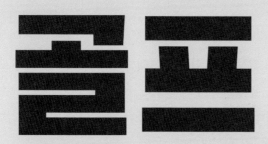

글터
GEUL TEA

머리말

   골프채의 구조와 이에 적용되어 있는 물리 이론을 이해하는 것이 스윙에 많은 도움이 된다. 어떻게 스윙을 하는 것이 올바른지 알게 되고 스윙이 잘못 되었을 때 스스로 교정할 수 있는 능력이 생기게 된다. 그러나 이들에 대해 쓴 책은 아직 없는 것 같다. 이 책은 이들을 바탕으로 해서 채와 스윙을 설명한다.

   골프채가 어떻게 만들어졌는지에 대해 알고 자신에게 맞는 골프채를 선택하면 골프가 쉽다. 그러나 실제는 그렇지 못한 경우를 많이 보아 왔다. 채를 잘 모르고 잘못 선택하여 이리저리 해 보며 헤매는 경우를 많이 보았다. 이 책을 쓰게 된 이유이기도 하다. 이 책에서는 채의 구조와 관련 이론, 채의 선택 방법에 대해서 먼저 기술했다. 다음으로 채와 몸의 구조가 어우러져 물리 이론에 합당한 스윙을 하는 방법을 제시하였다. 골프를 이미 하고 있는 사람들은 교정을, 처음 시작하는 사람들은 바른 자세와 스윙 동작을 익힐 수 있도록 분명한 기준과 방법을 제시하였다. 사진과 그림 위주로 구성하였고 간결한 설명을 곁들였다. 그리고 잘못된 사례들도 제시하였다. 자세와 동작에 대한 기준과 방법, 스윙 감각을 익히는 방법, 교정 방법등을 간단명료하게 서술하였다. 부록에는 골프채의 제원, 채의 구조와 선택법, 골프 경기의 종류, 간단한 규칙, 예절, 용어 해설 등에 대하여 기술하였다. 한 가지 부언할 것은 골프채와 스윙은 물리 이론에 바탕을 두고 있다는 사실이다. Vector, 원운동, 충격량, 힘의 전달, 관성, 원심력, 구심력, 분력 등에 관한 이론들이다.

   그렇다고 모든 골퍼들이 이들 이론을 공부할 필요는 없다. 이 책에서 설명하는 내용들은 이들 이론에 충실히 부합하도록 하였고 검증된 것이다. 채와 스윙에 대한 수많은 방법과 Know-How가 나와 있지만 물리 이론을 벗어난 방법들과 채의 구조를 무시한 방법들은 익혀서는 안 된다. 채의 구조에 대하여 잘 알지 못하고 이에 맞지 않는 스윙을 하고 있는 경우를 많이 볼 수 있으며 물리적 이론에 벗어난 스윙을 하고 있는 경우를 자주 본다. 그리고 골프채는 반드시 자기에게 맞는 것을 사용해야 한다는 사실도 유념하기를 바란다. 부록의 채의 선택항을 참고하기 바란다. 골프는 몸과 머리 양쪽으로 익혀야 한다. 몸으로만 익히면 몸이 잊어버렸을 때에 복원이 안 된다. 문제는 머리로 익힐 내용과 자료가 제공되고 있지 않은 것이다. 이 책에서는 이런 것들에 대한 자료를 분명하게 제시하고 있다. 무릎에 접하는 수직선, 팔 평면, 관성 구간, 스윙을 리드하는 동작, 엉덩이 회전 익히는 법, 다운스윙 익히기, Basic Swing 등이 그런 것들이다. 스윙에서 이루어지는 모든 동작은 바른 스윙에 의해 자연스레 저절로 이루어지는 것이 되어야 한다. 오른팔 붙이기, 체중 이동, 릴리스, 임팩트, 팔로우스루 등이다. 그리고 힘을 빼라는 말은 틀린 말이라는 것도 깨달아야 한다. 골프 스윙을 바르게 알고 연습하여 익히면 그렇게 어려운 운동인 것은 아니라고 생각한다. 그리고 책의 내용은 충분한 검증을 거쳐 확인된 것들이다. 채에 대한 구조 분석, 인체 구조 자세 분석 등에 의해 분명하고 명쾌한 가이드를 하고 있다. 부분 부분을 읽는 분들을 위해 중요한 내용들은 필요한 때마다 반복했다. 참고로 동영상은 유튜브를 운용할 예정이고 기초부터 준비 중이다. 이 책의 내용 일부를 개인 블로그에 올려 놓았는데 반응이 놀랍고 특히 '드라이버 어드레스 때의 라이 각 임팩트 때의 라이 각'이라는 제목의 글은 올린 1년쯤 후부터 최근 3년간 매일 구독자 수가 1위를 유지하고 있고 지금도 1위를 유지하고 있다. 신기하다고 해야 할 일이 되었다. 이 책이 입문자분들과 교정을 원하시는 분들에게 많은 도움이 되기를 바란다.

2020. 12. 17.

문 강순 拜

목차

6 골프 코스 및 경기 관련 사항

7 용어 해설

🌑 빨리 찾아보기

　빨리 찾아보기는 책 내용의 일부를 저자의 블로그에 올려 일정 기간 동안 독자들의 반응을 본 결과물이다. 어느 시점부터 조회 수가 증가하였고 조회 수 상위 항목이 거의 고정적이었다. 책의 내용 중 빨리 보고 싶은 부분을 쉽게 찾을 수 있게 하는 것이 좋겠다고 판단하여 만들었다. 많은 골프 책이 있지만 이 책에만 있는 내용들과 중요하다고 생각되는 사항들, 조회 순위 등을 감안하였다.

1 골프 요약편

골프, 이것만은 알고 하자

골프를 처음 시작하는 사람들은 누구나 빨리 공을 쳐 보고 싶다. 하지만 아무리 급해도 골프채와 스윙에 대한 최소한의 기초지식은 알고 시작하는 것이 꼭 필요하다. 여기에서는 골프채와 스윙에 대한 내용 중에서 기초가 되고 가장 중요한 내용을 간추린 것이다.

공을 치면서 알고 싶거나 의문이 생길 때에는 2장부터 6장까지를 보는 것도 한 방법이다. 처음부터 다 보고 이해하고 시작하면 더더욱 좋겠지만, 시작해보고 읽는 것이 내용을 이해하는데 도움이 많이 된다. 골프에 대한 내용을 잘 모르고 공을 치다 보면 자세와 스윙이 엉뚱하게 잘못될 수 있고, 그렇게 되면 헤매게 된다. 골프를 시작할 때 독학을 하든지 레슨을 받아야 된다. 이때 책이나 자료는 한 가지만 잘 선택해서 보는 것이 좋고, 레슨을 받을 때에도 좋은 선생을 만나 한 선생에게만 배울 것을 권한다. 영국에는 "미운 사람에게 저자가 다른 골프 책 3권을 사 주라."라는 말이 있다. 골프를 할 때에는 '이 사람 저 사람' 말을 함부로 듣지 말라는 뜻이다.

다음 사항은 골프를 하는 한 언제나 기억하도록 하자.

1 골프채에 대하여

1) 골프채의 종류

(1) 우드(드라이버, 페어웨이 우드, 5번 우드)

비거리가 멀리 가도록 만든 골프채이다. 과거에는 헤드를 나무로 만들었기 때문에 우드라고 불렀다. 지금은 헤드를 금속으로 만들지만, 그냥 우드라고 부르고 있다. 우드 1번이 드라이버이고 우드 3번을 페어웨이 우드(또는 스푼)라고 부른다. 일반적으로 드라이버, 페어웨이 우드, 5번 우드(또는 클리크) 세 가지를 많이 사용한다. 샤프트의 유연성과 무게는 매우 중요한 요소이다. 반드시 자기 체력에 맞게 선택해야 한다.

아이언도 세트로 구입하듯이 드라이버와 페어웨이 우드도 같은 세트로 구입하는 것이 바람직하다. 왜냐하면 우드(드라이버, 페어웨이 우드)도 아이언 세트처럼 어드레스 자세와 스윙 패턴이 같기 때문이다.

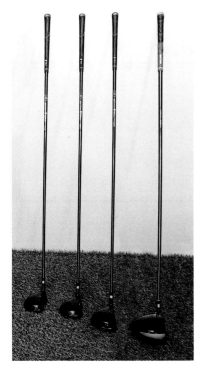

우드 세트를 라이 각에 맞춰 세우면
손잡이 높이가 같아진다.

샤프트의 유연성(Flexibility)

드라이버 샤프트의 유연성이 자신의 헤드 스피드와 맞느냐 안 맞느냐 하는 문제는 스윙의 편안함과 비거리에 큰 영향을 미치며, 임팩트의 안정성과 공의 방향성 등에도 큰 영향을 미치므로 매우 신중하게 검토해야 하며 반드시 스윙할 때 헤드 스피드와 자신의 스윙 템포에 맞는 샤프트를 선택해야 한다. 스윙 템포가 빠르다고 헤드 스피드도 빠른 것은 아니다. 스윙 템포를 분류할 때 흔히 "스윙이 빠르다", "느리다", "보통이다"라고 표현한다.

단위: m/s

헤드 스피드 (초속) 스윙 템포	30 이하	30~36	36~39	39~42	42~44	44 이상
빠름	A	R	SR	S	X	X
보통	L	A	R	SR	S	X
느림	L	A	R	R	S	X

마지막으로 직접 스윙해 보아서 스윙이 편안하고 임팩트가 좋은지를 확인하면 된다. 헤드 스피드는 스크린 골프장에 가면 측정할 수 있다. 스윙 템포는 전문가의 도움을 받는 것이 좋을 것이다. 주의할 점은 회사마다 유연성의 기준에 차이가 있음을 고려해야 한다. 즉 같은 R(레귤러)표시라도 실제로 회사에 따라 강도의 차이가 있다. 샤프트의 선택은 쉬운 일이 아니므로 전문가와 상의하는 것이 좋다고 생각한다.

벌지(Bulge)

드라이버 헤드 페이스가 약간 불룩하게 되어있는 것을 말한다. 이렇게 한 이유는 공이 스윗 스팟을 약간 벗어난 위치에 임팩트되었을 때 공에 스핀을 발생하게 하여 공이 목표 쪽으로 휘어 오게 하기 위함이다. 그러나 토우나 힐 쪽에 임팩트 되었을 때는 심한 훅이나 슬라이스를 발생하게 하기도 한다.
최근에는 헤드 페이스가 트위스트된 드라이버도 출시되고 있다.

p232·236 참조

(2) 아이언

비거리와 방향성의 정확성을 높게 만든 골프채이다. 헤드를 금속으로 만들었기 때문에 아이언(Iron)이라 부른다. 3번~9번을 세트로 사용했으나 요즘은 5번~9번 정도를 많이 사용한다. 피칭(P)웨지, 센드(S)웨지와 아울러 세트로 되어 있다. 반드시 동일 회사의 세트를 사용해야 한다. 그리고 체력에 맞는 것을 선택해야 한다. 그라파이트(카본) 샤프트가 주류를 이루었으나 최근에는 경량 스틸 샤프트도 많이 사용해 가는 추세이다.

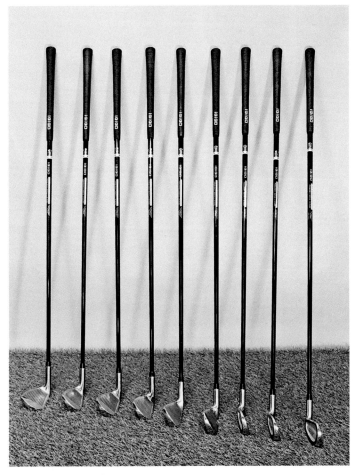

우드 세트를 라이 각에 맞춰 세우면 손잡이 높이가 같아진다.

(3) 하이브리드(유틸리티, 범용)

아이언과 우드의 장점을 조합하여 만든 골프채이다. 3번, 4번, 5번이 있으며 3번, 4번, 5번 아이언 대신 사용하기도 한다. 헤드는 우드 형상이고 길이는 롱아이언과 비슷하다.

(4) 퍼터

그린에서 공을 홀컵에 넣을 때 사용한다. 크게 분류하면 블레이드형과 말렛형 두 가지이다. 스트로크했을 때 헤드 궤도가 원호를 그리면 블레이드형 퍼터를, 일직선에 가까우면 말렛형을 사용하면 좋다.

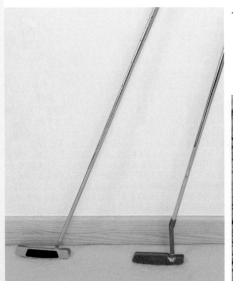

←블레이드형 퍼터

↓ 말렛형 퍼터

2) 골프채의 특성

(1) 라이 각

골프채를 라이 각에 맞춰 세우면 아이언끼리, 우드끼리 손잡이 높이가 같아진다. 이것은 어드레스 자세를 취할 때나 스윙할 때 대단히 중요한 사항이다.

자세한 내용은 p217 참조

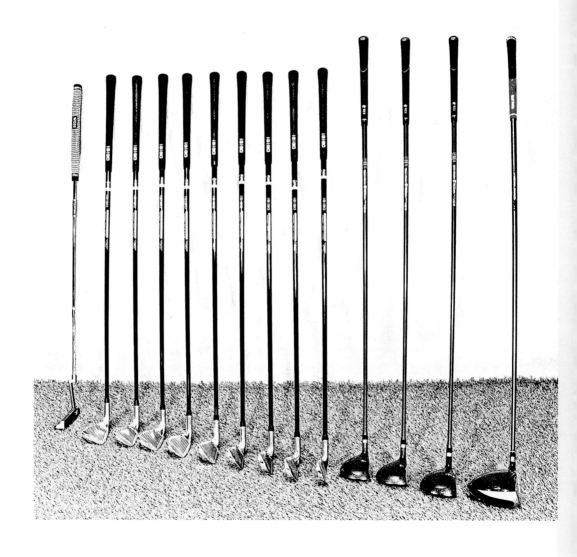

라이 각은 골프채를 헤드의 그루브선이 수평이 되게 세우면 지평면과 샤프트가 이루는 각으로 라이 각은 채번호에 따라 모두 다르다.

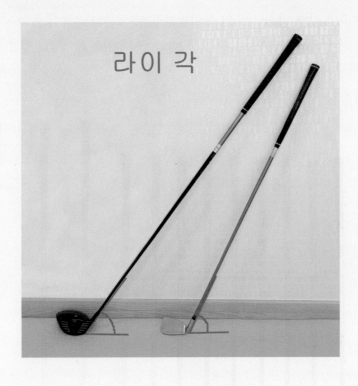

(2) 스윙 웨이트

스윙할 때 느껴지는 무게를 스윙 웨이트라고 한다. 스윙 웨이트는 스윙을 방해하는 쪽으로 작용하는 것이기 때문에 자신의 체력에 맞는 골프채를 선택하는 것이 좋다. 즉 스윙 웨이트가 크면 헤드 스피드를 높이는데 많은 힘이 필요하다는 의미이다. 너무 작으면 스윙할 때 날리는 현상이 생기기도 한다.

우리나라에서는 C9~D2까지를 가장 많이 사용하고 있다. 일반 남성은 D0~D2

정도의 것을 사용하고 여성은 C7~C9 정도의 것을 선택하는 것이 적당할 것이다. 시니어들은 C9~D0 정도가 좋을 것이다. 체력의 범위가 넓기 때문에 전문가와 상의해서 선택하는 것이 좋다.

자세한 사항은 p213 참조

(3) 골프채 각부의 명칭

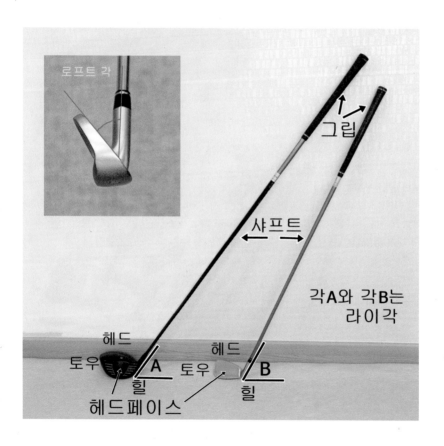

골프를 시작할 때 골프채의 선택에 대하여

처음 시작할 때는 대부분의 사람들이 가벼운 채를 선택하는 경향이 있다. 그 이유는 골프 스윙은 평소에 잘 쓰지 않던 근육을 사용하게 되어, 이 근육은 힘이 별로 없기 때문이다. 3~5개월 정도 열심히 연습하다가 보면 채가 가볍다고 느끼게 된다. 고심하다가 결국은 채를 바꾸게 되는 경우를 많이 보았다. 쉬운 일은 아니지만, 나이와 체격을 보아 아예 좀 무거운 채를 선택한다면 두번 사는 일을 하지 않아도 된다. 중고 샵에 가 보면 대부분이 가벼운 채들임을 볼 수 있다. 처음 시작할 때는 중고를 마련하거나 친구 중 처음 쓰던 채를 보관하는 경우 이를 물려받던지 빌려 사용하는 것도 한 방법이다.

아이언 세트의 제조 방법에 따른 차이

아이언 채를 만드는 방법은 주물 공법과 단조 공법 두 가지가 있다.

주물은 대량 생산이 가능하기 때문에 가격이 저렴하고 재료가 스테인리스이므로 관리가 쉽다. 반면 단조의 경우는 연철을 사용해서 만들기 때문에 녹이 쓸 수 있고 변형이 오기 때문에 관리를 잘해 주어야 한다. 가격도 주물에 비하여 비싸다. 그러나 단조품의 가장 큰 장점은 볼 컨트롤이 잘 된다는 것이다. 또 라이 각을 1~2° 조정할 수 있다.

이런 장점 때문에 프로 선수들은 단조품을 많이 사용한다.

아이언 어드레스 자세는 채 번호에 관계없이 모두 같고 단지 발의 간격만 조금씩 다르다.(p15 참조) 라이 각대로 세우면 손잡이 높이가 같기 때문이다. 뒤에 설명이 있지만 스윙도 똑같게 하면 된다. 동일 회사의 세트를 마련해야 한다.

② 스윙

아이언 스윙과 드라이브 스윙에서 차이점은 어드레스 자세, 스윙 탑의 위치, 스윙 플레인의 크기와 기울어진 정도가 다르다. 아이언의 스윙 플레인은 수직에 가깝고 드라이버 스윙 플레인은 아이언 플레인보다 수평쪽에 가깝다.

1) 미리 알아야 할 사항

(1) 발의 간격과 공의 위치

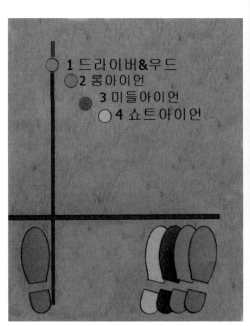

어깨 폭=발뒤꿈치 간격

발 간격은 사진과 같이 드라이버 스탠스를 기준으로 하면 좋다. 뒤꿈치 간격을 어깨 폭과 같게 하면 된다. 아이언은 그림과 같이 3~4cm 정도 좁히면 되고 긴 채일수록 공과 헤드 페이스가 직각(square)이 되는 시점이 늦어지기 때문에 공의 위치는 긴 채일수록 왼쪽으로 놓으면 된다. 발의 간격과 공의 위치는 자신에게 맞게 약간의 조정을 할 필요가 있다.

자세한 사한 사항은 p55 참조

(2) 그립

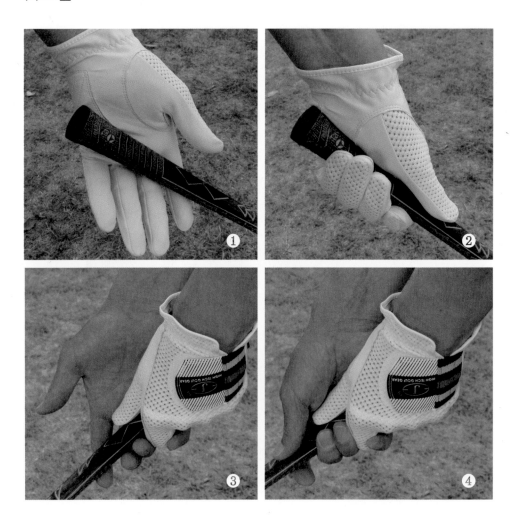

엄지손가락의 위치와 오른손 검지의 위치와 형상을 잘 보고 채를 쥐면 된다. 너무 꽉 쥐면 유연성이 떨어져서 좋지 않다. 힘주지 않고 그립에 손바닥과 손가락이 닿는 정도로 가볍게 쥐는 것이 좋다. 그립의 굵기는 반드시 손에 맞는 것으로 해야 한다.

정면에서 보았을 때 오른손의 V자 홈이 얼굴의 중앙부를 향하도록 하는 기본 그립을 사용해서 연습한 다음 다른 그립도 생각하자. 왼쪽 사진은 흔하게 사용하는 인터로킹 그립이다.

자세한 사한 사항은 p49 참조

위 사진은 퍼팅 그립이다. 오른손으로 먼저 쥔 다음 왼손으로 잡는 순서이다. 이외에도 자신이 편하고 퍼팅이 잘 되는 방법이면 좋다고 생각한다.

(3) 어드레스 자세

어드레스 자세는 스윙을 바르게 하는데 매우 중요하기 때문에 바른 자세를 익혀야 하며 입문 시절에는 자신이 어떻게 하고 있는지를 잘 모르니, 동영상을 촬영하여 자신이 어떤 자세를 취하는지 보는 것이 좋다. 거울을 사용해서 보는 것도 필요하고 감각적으로 익혀서 자동적으로 자세가 취해지도록 연습해야 한다. 어드레스 자세가 바르지 않으면 스윙의 모든 동작이 틀어지기 때문에 반드시 정확한 자세를 연습하여 익혀야 한다.

자세한 사한 사항은 p58 참조

아이언 어드레스 자세   드라이버 어드레스 자세

어드레스 자세는 무릎과 허리를 구부려 손을 라이 각에 맞게 세운 채의 그립 위치에 맞추어 잡으면 된다. 이때 무릎에 접하는 수직선이 어깨 뒤를 지나는 자세가 좋다. 드라이브의 경우는 임팩트 때 토우 다운을 감안하여 토우가 약간 들리고 헤드가 지면에서 살짝 뜨게 라이 각 기준으로 자세를 취하면 좋다. 아이언의 경우는 드라이브보다 토우 다운이 작다. 물론 각자의 최적치는 스스로 찾아야 한다.

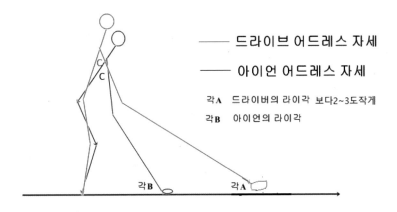

드라이버와 아이언의 어드레스 자세

어드레스 자세의 중요성
어드레스 자세는 올바른 스윙, 비거리, 구질 등에 영향을 미치는 매우 중요한 사항이다. 물리적으로 헤드에 힘이 전달되는 비율과도 관계된다. 샷하기 전에 반드시 한번 마음속 점검을 하자. 2번 정도 웨글을 가볍게 하자. 우드의 어드레스 자세와 아이언의 어드레스 자세는 다르다.(위 그림 참조)

드라이브 어드레스 자세와 아이언 어드레스 자세는 당연히 다르다. 위 그림은 아이언 어드레스 자세에서 드라이버 어드레스 자세로 바꾸는 것을 그린 것이다. 아이언 어드레스 자세에서 팔과 몸 사이의 각도 C를 그대로 유지하면서 무릎과 허리를 약간씩 펴서 드라이브의 그립 위치에 손이 오게 하면 된다. 무릎에 접하는 수직선은 어깨 뒤를 지나도록 해야 한다. 아이언 어드레스 자세는 채 번호와 관계없이 모두 같다. 단지 발 간격과 공의 위치만 다르게 한다.

아래 사진은 블레이드형 퍼터와 말렛형 퍼터의 어드레스 자세이다. 허리의 구부린 정도가 다르다. 자기에게 편한 자세를 택하면 되고 그에 따라 퍼터를 선택하면 된다.

블레이드형 퍼팅 자세   말렛형 퍼팅 자세

⑷ 스윙 플레인

  스윙 플레인이란 스윙할 때에 헤드가 그리는 궤도 평면을 말하며 주로 다운스윙할 때의 궤도평면을 말한다. 골프 스윙에서 헤드의 궤도를 올바르게 형성되도록 하는 것은 매우 중요한 사항이다. 우드의 스윙 플레인은 플랫한 편이고 아이언의 스윙 플레인은 우드의 스윙 플레인보다 업라이트하다. 채마다 평면은 모두 다르다. 아래 그림은 우드와 아이언의 플레인의 경향을 그린 것이고 채 각각의 플레인을 그린 것은 아니다.

자세한 사한 사항은 p69 참조

2) 스윙

골프 스윙의 본질은 채의 헤드가 공의 전후에서 시계추와 같은 움직임이 되게 하는 것이다. 이것은 퍼터를 포함한 모든 골프채에 해당된다. 따라서 어떻게 하면 추 운동이 잘 될까를 항상 생각하며 스윙을 해야 한다. 또 스윙 동작을 빠르게 하려는 것보다 헤드 스피드를 어떻게 빠르게 할 것인지가 더 중요하다. 그러기 위해서는 코킹의 활용과 왼팔 뻗기와 릴리스가 잘 되어야 한다. 이 책은 그 점에 초점을 맞추고 설명하고 있다.

자세히 설명하자면 코킹하고 풀기를 제대로 하면 헤드 스피드는 빨라진다. 다운스윙할 때 왼팔을 곧게 펴서 스윙하면 스윙 템포는 느려지지만 헤드 스피드는 빨라진다. 스윙 탑에서 왼팔이 좀 휘었어도 다운스윙하면서 힘주어 펴며 스윙해도 같은 효과를 볼 수 있다. 릴리스와 팔로우스루를 잘 되도록 스윙하면 스윙 템포는 느려지지만, 헤드 스피드가 빨라진다. 팔로 스윙을 하면 스윙 템포는 빨라지지만 헤드 스피드는 오히려 느려지는 경향이다.

스윙의 순서는 어드레스→테이크어웨이→스윙 탑→코킹이 풀리는 시점→임팩트→릴리스→팔로우스루→피니시가 된다.

골프 스윙에서 가장 중요한 동작은 어깨 회전이고 스윙은 회전 중심이 유지되는 어깨 회전에 의해 이루어지게 해야 한다. 이것은 올바른 연습에 의해 누구나 할 수 있다.

백스윙은 어깨회전에 의해 팔로 채를 들어올리고 엉덩이 회전을 가능한 한 적게 하고(하체를 잡아라.) 다운스윙은 엉덩이 회전부터 시작하여 어깨 회전이 따라오고 팔이 따라오는 엉덩이 회전이 리드하는 회전이 되게 해야 한다. 그리고 다운스윙할 때 엉덩이 회전에서 자세가 헝클어지지 않는 한 큰 힘을 가해도 좋다.

(1) 백스윙(백스윙 시 손의 이동은 팔 평면상에서 p133 참조)

① 테이크어웨이(테이크백)

테이크어웨이는 어드레스 자세에서 오른팔의 윗부분을 몸통에 밀착한 상태로 어깨를 회전시키면서 팔과 손으로 채를 들어올리며 왼손등이 정면을 향하게 회전시켜 채가 수평이 되고 목표선과 나란하게 되는 위치이다. 이때 머리가 회전, 이동하거나 움직여서는 절대 안 되며, 엉덩이 회전은 최소화해야 한다. 테이크어웨이는 백스윙의 첫 단계에 해당하는 동작이지만, 이 단계가 잘못되면 백스윙의 궤도가 잘못되고 이에

따라 다운스윙 궤도도 잘못되기 때문에 올바르게 해야 한다. 테이크어웨이 동작은
크게 높게 하는 것이 좋다. 채마다 기울기가 조금씩 다른 스윙 궤도를 결정하는 중요한
동작이다.

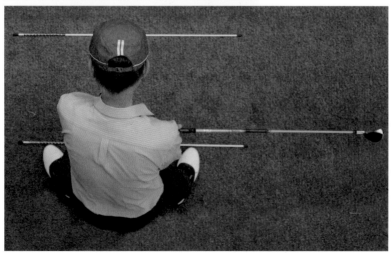

② 스윙 탑

　테이크어웨이 이후 어깨를 계속 회전하여 헤드가 테이크어웨이 궤도의 연장선을 따라 이동하게 해서 채를 수평이나 그에 가까운 위치까지 들어올린다. 채는 목표선과 평행이 되어야 한다. 이때 왼팔이 수평이 되는 위치까지는 양팔의 윗부분을 몸에 밀착시켜서 진행하고 그 이후 헤드는 궤도가 연장되는 선상으로 이동해야 하므로 오른팔은 몸에서 조금씩 떨어지면서 진행이 되도록 한다. 팔을 계속 몸에 밀착시킨 채로 백스윙을 진행하면 헤드 궤도가 휘어지기 때문이다. 어깨는 90° 정도 회전하게 된다. 체중은 오른쪽 다리로 자연스럽게 이동하게 된다. 머리는 고정이 되어야 한다. 탑의 위치가 잘못되면 다운스윙 궤도 역시 잘못되게 된다.

(2) 다운스윙

　탑의 위치에서 엉덩이 왼쪽을 뒤로 이동시키며 회전을 시작하고 이에 따라 어깨 회전도 따라오게 하면 된다. 엉덩이 회전이 리드해 나가며 엉덩이 회전할 때 힘을 가해도 좋다. 몸에서 약간 떨어졌던 팔은 다운하면서 곧바로 몸에 밀착시켜서 회전한다. 머리(어깨 회전의 중심)의 고정은 필수다. 왼팔은 곧게 뻗는 것이 좋다. 어깨와 팔은 경직되지 않게 해야 하고 손목은 자유로워야 한다. 헤드를 공의 앞쪽으로 던지듯이 하고 왼팔은 곧게 펴서 계속 스윙을 리드해 간다. 그러면 릴리스와 팔로우스루가 잘 된다.

다운스윙할 때 중요한 동작

1. 뿌리는 동작: 입문 시절 잘 안되는 동작이지만 반드시 필요한 동작이다. 이 동작이 잘 되면 슬라이스 등 많은 문제가 해결된다.

2. 팔로 힘 보태기: 스윙 동작이 숙달 된 후에 실행 할 것. 이것을 잘 하면 비거리가 늘어난다.

① 코킹이 풀리는 시점

스윙 탑에서 다운으로 전환하여 가속하며 내려오다가 채가 수평이 되는 부근에서 코킹이 풀리기 시작하며 손과 채는 공의 방향으로 회전하기 시작한다. 어깨와 몸통은 계속 회전하며 90° 정도 회전하면 임팩트 시점이 된다. 코킹이 너무 일찍 풀리는 것은 비거리를 짧게 하는 하나의 원인이 된다.

② 임팩트

임팩트는 왼팔이 곧게 펴진 상태로 임팩트 순간 헤드 페이스는 목표선과 직각인 상태로 그루브선이 수평인 상태로 이루어져야 한다. 왼팔이 곧게 펴진 상태로 임팩트하게 되면 슬라이스 등 많은 문제가 해결된다.

③ 릴리스

임팩트 이후 채를 던지듯이 하는 동작이다. 이 동작이 힘있게 잘 되어야 비거리가 증가한다. 다운 시작해서 릴리스까지는 머리 고정(어깨 회전의 중심)은 유지 되어야한다.

④ 팔로우스루

 백스윙할 때 코킹 전 왼팔이 수평이 되었을 때의 대칭이라 보면 좋다. 단 오른팔이 곧게 뻗은 상태이다. 나이 든 분들은 이렇게 하기가 어려우므로 무리할 필요는 없다.

⑤ 피니시

 팔로우스루 이후 채는 어깨 뒤로 회전해 가다가 회전을 멈추게 된다. 이로써 스윙은 끝나게 된다.

팔로우스루와 피니시
팔로우스루와 피니시는 스윙 관성에 의하여 자연스럽게 이루어지는 동작이고 의도에 의해서 만들어지는 동작이 아니다. 이 동작을 의도적으로 만들고 있는 분을 가끔 본다. 이런 분들은 비거리의 손해를 본다. 비거리 230야드 정도 이상이고 회전을 멈추지 않는 한 팔로우스루와 피니시는 저절로 이루어진다.

웨글(waggle)
공을 치기 전에 웨글을 해서 채에 맞는 궤도를 찾은 다음 스윙하는 것이 좋다. 테이크어웨이 하는 정도의 폭으로 스윙을 해보면 공 전후의 궤도를 알 수 있다. In to In궤도를 확인한 다음 스윙을 하는 습관을 갖자. 이때 테이크어웨이는 크게 높게 하는 것이 좋고 팔로만 흔들지 말고 실제 스윙할 때와 같이 어깨 회전에 의해서 해야 한다. 특히 초보자에게 필수 사항이다.

공을 칠 때 세가지 방법

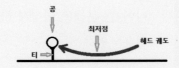

어퍼 블로우: 헤드가 최저점을 지나 올라가며 임팩트
드라이버 샷

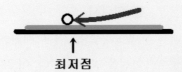

사이드블로우: 헤드의 최저점 임팩트
페어웨이 우드샷

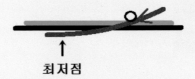

다운 블로우:헤드가 내려가면서 임팩트
아이언 샷

위 세 가지는 채의 길이, 공의 위치에 따라 각각 이루어진다. 드라이버는 헤드의 최저점을 지난 위치에서 임팩트되게 공을 위치시키고 페어웨이 우드는 헤드의 최저점에서, 아이언은 헤드의 최저점 앞에서 임팩트 하게 공을 위치시킨다. 스윙할 때 채에 따른 최저점을 잘 파악해 두는 것은 중요한 일이다.

채마다 고유의 궤도를 가지고 있다.

골프채는 세트로 구성되어 있고 각각의 채마다 고유의 궤도를 가지고 있다. 아래 사진은 아이언 3번과 9번의 헤드 궤도를 그린 것이다. 궤도의 기울기가 차이가 있음을 그린 것이다. 두 궤도 사이에 4번~8번까지의 궤도가 분포하고 있다. 한 번호 차이 마다 조금씩 궤도의 기울기가 다름을 알 수 있다. 입문자들을 어렵게 하는 요인중 하나다. 테이크어웨이의 중요성을 알게 해주는 그림이다.

드라이버, 페어웨이 우드 등도 마찬가지다. 아이언보다 더 플랫하다.

다운스윙할 때 꼭 필요한 동작

탑에서 왼쪽 어깨 끝부분은 정면을 향하고 있게 된다. 어깨를 180° 회전하여 왼쪽 어깨 끝이 있던 자리에 오른쪽 어깨 끝자리가 오게 회전에 의해 바꾸어 놓는 동작. 이 동작 중 어깨 회전 중심의 고정은 필수(흔히 머리의 고정). "던져라.", "뿌려라."라고 표현하는 동작. 이 동작이 제대로 되면 슬라이스 등 많은 문제가 사라지고 비거리도 늘어난다. 골프 스윙에서 매우 중요한 사항이다. 골프 입문 시절 잘 안 되는 것 중의 하나다. 어떻게 하면 될까? 두 손으로 오른쪽 어깨 위에 들어 올린 물건을 어깨 회전과 보조를 맞춰 비스듬히 땅에 패대기 치듯 채를 던지면 잘 된다.

(3) 퍼팅

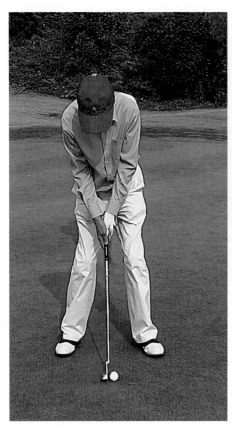

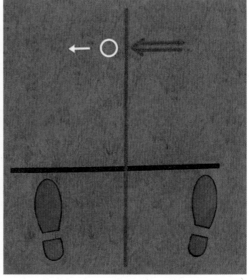

헤드의
최저점

공 전후의 헤드 궤도

퍼팅 역시 헤드가 추처럼 움직이게 하는 것이 좋다. 그러기 위해서 양팔의 윗부분을 가볍게 몸통에 밀착시키고 손목을 쓰지 않고 고정시킨 상태에서 어깨를 가볍게 회전하는 스트로크를 하면 좋다. 그렇게 하면 안정된 퍼팅을 할 수 있다. 그린의 상태에 따라 다소 다르지만, 3m 정도는 스트로크의 폭을 조정하고 헤드의 복원력으로 공을 치게 하면 좋다. 또 공의 위치를 조정하여 헤드가 최저점을 지나 약간 상승하면서 공을 때리게 하는 것이 좋다. 이유는 공을 회전시키기 위해서다. 회전체는 회전축을 유지하려는 성질이 있어 공이 안정적으로 굴러가게 하기 위함이다.

코킹

백스윙하면서 손목을 채의 이동 방향으로 꺾는 것을 말한다. 코킹을 하는 시점은 가파른 스윙(러프나 벙커에서 에그 처리할 때)을 할 때는 빨리하고 일반적으로는 하프 스윙(테이크어웨이 이후) 부근에서 하면 된다. 코킹을 잘 이용하면 비거리가 길어진다.

체중 이동

다운스윙하면서 머리를 고정하고 왼쪽 엉덩이를 뒤로 빼면서 회전하면 자연스럽게 체중 이동이 이루어진다.

왼 다리 펴기와 버티기

다운스윙하면서 엉덩이 회전을 하면 왼쪽 다리가 펴진다. 발 간격이 적당하면 버티기도 저절로 된다. 왼쪽 다리 펴기는 비거리에도 도움이 되는 중요한 사항이다.

레그 액션

초보자는 팔로 치고, 중급자는 어깨로 치고, 잘 치는 사람은 다리로 친다는 말이 있다. 이 말은 레그 액션이 그만큼 중요하기 때문에 하는 말이다.

추 운동

다운스윙은 골프채의 헤드가 공의 전후에서 추 운동을 하도록 해야 한다.

퍼팅의 한 방법

퍼팅 방법은 "공을 밀어라.", "툭 쳐라." 등 여러 가지 말들이 있지만 안정적인 퍼팅을 하기 위해서는 어깨회전을 이용하여 헤드가 추 운동을 하게 하는 것이 좋다. 이 때 양팔의 윗부분을 옆구리에 가볍게 붙이고 손목을 쓰지 말고 어깨 회전에 의해 헤드가 추처럼 움직이게 하면 된다. 허리를 ㄱ자에 가깝게 많이 굽혀서 하면 헤드 궤도가 직선에 가깝게 된다. 이런 분들은 말렛형 퍼트가 적합하다. 이보다 좀 일어선 자세로 하면 궤도가 부채꼴이 되며 블레이드형 퍼터가 적합하다. 일어선 정도에 따라 부채꼴의 형상은 달라지며 이에 알맞은 채를 선택하면 된다.(채의 선택 항 참조.)

3) 스윙연습

어드레스 자세를 취하고 양팔의 윗부분을 몸에 붙이고 백스윙은 어깨 회전, 다운스윙은 엉덩이 회전이 선행 리드하는 어깨 회전으로 스윙하며 스윙 폭을 넓혀가며 스윙 감각을 익혀 보자.

스윙 폭을 점점 넓혀가며 연습하기

④ 동영상을 촬영해 보자

 입문 시절에는 자신이 어떻게 스윙을 하고 있는지를 모르기 때문에 동영상을 촬영해 보는 것이 많은 도움을 준다. 꼭 촬영해 볼 것을 권한다.

스윙의 기본 연습
헤드를 지표면에서 3cm 정도 띄워서 어드레스 자세를 취하고 어깨를 좌우로 회전시키며 이에 따라 어깨가 회전하여 팔과 채가 이에 따라 좌우로 보조를 맞추어서 흔들리도록 해보면 스윙을 이해할 수 있다. 다운스윙은 엉덩이 회전이 리드해야 한다. 이때 눈은 공이 있는 위치를 보고 있으면 된다. 채는 7번 아이언을 사용하면 좋다.

프로같은 스윙 폼이 되려면? 비거리도 늘이고
프로골퍼들의 스윙 폼을 보면 정말 멋있고 릴리스, 팔로우스루, 피니시가 아주 멋지다. 물론 비거리도 길다. 어떻게 하면 그렇게 될까? 아마추어들과 무엇이 다를까? 스윙을 리드하는 부분과 힘을 쓰는 부분이 다르다. 엉덩이 회전으로 다운스윙을 리드하며 팔의 힘을 적시에 잘 활용한다. 기본 스윙을 충분히 익힌 후에 다음과 같이 연습하기를 추천한다.
1. 백스윙은 어깨 회전으로, 다운스윙은 엉덩이 회전부터 시작해서 스윙을 리드하도록 하고 피니시까지 계속 회전하도록 한다. 이는 이 책에서 강조하고 있는 부분이기도 하다.
2. 스윙 탑에서 다운스윙을 엉덩이 회전부터 시작하면 어깨 회전이 따라오고 팔도 따라 회전하게 된다. 팔의 회전이 시작되면 양팔로 채를 힘껏 끌어내리는 회전을 하며 공의 앞쪽을 향해 던진다. 릴리스 동작이다('팔로 힘 보태기'항 참고). 이때 반드시 지켜야 할 사항은 (1) 백스윙을 최소 90˚ 이상 할 것과 다운스윙을 180˚ 이상 해야 한다는 것이다. 어깨 회전이 부족하면 팔로 치는 꼴이 된다. (2) 어깨 회전의 시작과 거의 동시에 양팔로 힘껏 당겨 내려 뿌릴 것. 다운 시작을 팔로 하면 팔로 치는 꼴이 된다. (3) 임팩트 후에도 피니시까지 계속 회전을 할 것. 팔로 끌어내려 뿌리는 것이 회전을 계속하는 데 큰 도움을 준다.
3. 머리의 고정이라든지 축의 회전 등 기본적인 사항을 지켜야 한다.

5) 테이크어웨이에 대한 오해

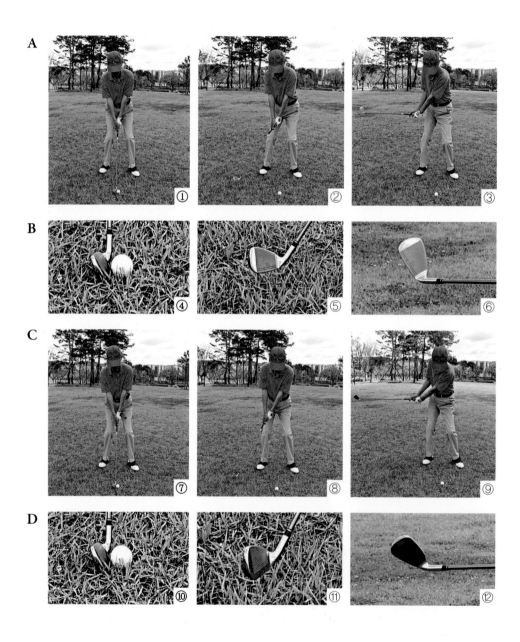

A: 정상적인 테이크어웨이 과정. 어드레스 자세에서 손과 채가 90° 회전하면서 채가 수평이 되고 목표선과 나란하게 되는 위치까지 이다. 테이크어웨이 마지막 단계에서는 왼손등이 정면을 향하게 해야 한다.

B: A 사진 각각 위치에서 헤드 페이스 상태. 테이크어웨이 마지막 단계에서 헤드 페이스는 정면보다 로프트 각 만큼 왼쪽으로 향하게 된다.

C: 잘못된 테이크어웨이. 손이 회전하지 않고 헤드 페이스가 공을 향한 체 이동한 상태. 왼손등과 헤드페이스가 공을 향하고 있다.

D: C 사진 각각의 위치에서 헤드페이스 상태. 헤드 페이스가 공을 향해 닫혀 있다.

＊A와 같이 테이크어웨이하고 이 과정에 의해 형성된 헤드 궤도를 그대로 연장하여 어깨를 어드레스 자세에서 90° 회전하여 탑까지 백스윙한 다음 다운스윙으로 전환하여 테이크어웨이 마지막 위치 부근으로 채를 끌어내려 공 앞쪽을 향해 던지면 계속 회전하는 몸통과 원심력과 관성에 의해 채는 공을 향해가서 공를 때리게 된다. 이 과정에서 헤드가 공쪽으로 회전하는 힘은 가할 필요는 없다.

테이크어웨이는 백스윙의 가이드 역할을 한다. 어깨 회전과 팔에 의해서 하고 이 때 엉덩이 회전은 최대로 억제 하고 눈은 공을 보아야 한다. 어드레스 때 왼손등은 좌측을 향하고 있지만 테이크어웨이 끝부분에서는 정면을 향하게 해야 한다. 어드레스 때의 샤프트가 속한 평면과 테이크어웨이 끝부분에서 샤프트가 속한 평면은 직각을 이룬다.

어프로치 샷(Approach shot)

그린 주변에서 홀컵을 공략하는 샷을 말한다. 공을 홀컵에 넣거나 공을 얼마나 홀컵 가까이 붙이느냐하는 것은 스코어에 큰 영향을 미친다. 따라서 가까운 거리라고 얕보지 말고 충분히 연습해서 숙달하는 것이 필요하다. 필드에 자주 가는 것이 가장 좋은 연습 방법이라고 할 수 있다. 어프로치 샷으로는 공이 놓인 장소와 그린과의 상대적인 위치와 조건에 따라 피칭과 칩샷을 주로 사용하게 된다.

자세한 내용은 p168 참조

① 피칭(Pitching)

공을 높게 띄우는 샷이다. 주로 60m 정도 이내의 거리에서 사용하며 장애물이 있거나 공이 놓인 위치보다 그린이 높을 때, 또는 홀컵이 공이 있는 방향의 그린 엣지 가까이 있을 때 등 피칭 웨지를 사용하여 높은 탄도를 형성한다. 탄도가 높게 형성되므로 공이 구르는 거리는 짧은 편이다. 오픈 스탠스, 오픈 그립으로 샷하면 된다. 스탠스 오픈 정도가 크면 그립도 그에 맞춰 크게 오픈해야 한다. 공의 위치는 중앙보다 오른쪽에 두지만, 오픈 정도가 클수록 더 오른편에 두면 된다. 오픈 정도가 크면 탄도는 더높게 되고 비거리는 줄어든다. 100m 전후 거리일 때는 스퀘어 스탠스로 풀스윙하여 백스핀이 강하게 작용하여 공이 홀컵보다 먼 곳에 떨어 지게하고 역으로 굴러 홀컵에 접근하도록 하기도 한다.

② 칩샷(Chip Shot)

낮은 탄도를 형성 공이 그린에 떨어진 후 굴러가게 하는 샷이다. 낮은 탄도로 그린에 떨어뜨릴 수 있는 조건일 때 사용하는 샷으로 구르는 거리가 비교적 길다. 약 20m 정도의 거리일 때 사용한다. 비거리와 구르는 거리가 1:1 정도가 되게 하면 좋다.

스윙 폭이 작을 때의 스윙 방법

하프 스윙 이하의 스윙 폭, 즉 1/4 스윙 또는 1/3 스윙을 할 때 스윙 폭이 좁기 때문에 스윙이 잘 안 되고 어색해진다. 그래서 그런지 의외로 팔로 치는 사람들을 많이 보게 된다. 이것은 다른 스윙에도 영향을 줄 수 있으므로 추천하고 싶지 않다. 이런 때는 백스윙은 엉덩이를 고정하고 어깨 회전으로, 다운스윙은 엉덩이 회전부터 시작해서 엉덩이 회전이 스윙을 리드하게 하면 편안한 스윙이 된다. 이 책에서 강조하는 사항이다.

머리 고정

결론부터 말하면 입문 시절 기본을 익힐 때는 백스윙할 때 고정, 다운스윙할 때는 릴리스 까지 고정, 스윙의 기본을 숙달한 후에 셀로윙이나 비거리를 늘이기 위한 기법 등에 의한 변형과 스윙의 발전에 의해 목표선과 나란한 머리의 직선 움직임은 약간 허용될 수 있다. 그러나 회전 이동은 안된다. 임팩트와 방향성이 나빠지기 때문이다.

다운스윙에서 꼭 필요한 동작
탑에서 왼쪽 어깨 끝 위치에 오른쪽 어깨 끝이 오게 중심을 유지하며 회전하는 동작. 다운스윙을
보면 휙 회전하는 것 같아 보이지만 꼭 필요한 동작이 있다. 바로 '뿌린다', '던진다'로 표현되는
동작이다. 이 동작이 없으면 헤드페이스가 열린 상태로 임팩트해서 슬라이스 등 공의 방향성이
나빠진다. 또 엉덩이회전이 선행되고 다운스윙을 리드하도록 해야 하며 엉덩이 회전에 자세가
헝클어지지 않는 한 가할 수 있는 힘을 다 가해도 좋다.

골프는 채를 알고 채에 맞는 바른 스윙 방법을 알고 연습하면 그리 어려운 운동은 아니라고
생각한다. 연습을 많이 해야 하는 것은 다른 운동과 마찬가지이다. 골프는 흔히 몸으로 익혀야
한다고들 한다. 중요한 것은 머리로도 익혀야 한다는 것이다. 그래야 몸이 잊어버렸을 때
스스로 복원을 할 수 있게 된다. 숙달되기 전까지는 자신이 어떻게 하는지 모르기 때문에 다른
사람이 봐주는 것이 필요하다. 동영상을 볼 때는 평면이라는 점을 충분히 감안해서 봐야 하며
힘을 쓰는 부분이 어디 인지 볼 수 없다는 점도 고려해야 한다.

6) 다운스윙 헤드 궤도

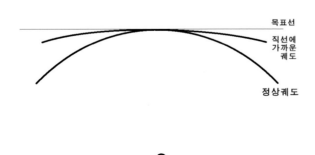

목표선
직선에
가까운
궤도
정상궤도
어깨 회전 중심

다운스윙할 때 헤드 궤도를
공의 전후에서 직선에 가깝게
하려는 것을 가끔 보게 되는데
이것은 잘못된 것이다. 이렇게
하면 헤드 페이스가 오픈
상태로 임팩트하게 되어 구질과
방향성이 나빠진다. 이런
궤도가 형성될 때의 스윙을 보면

백스윙할 때 회전 중심이 오른쪽으로 이동했다가 다운스윙할 때에 왼쪽으로 이동해 가는 현상을 볼 수 있다. 체중 이동이라는 생각도 보탬이 되도록 작용하는 것 같다.

정상적인 궤도는 어깨 회전 중심(목 부분)을 고정하여 백스윙과 다운스윙을 하고 탑의 위치가 팔 평면상에 있도록 하여 궤도가 적절히 기울어지게 형성되도록 할 때 그림과 같은 정상적인 궤도가 형성되고 스퀘어 임팩트가 이루어져서 구질과 거리 방향성 등이 좋아진다. 골프채는 이렇게 하도록 만들어져 있는 것이다.

7) 팔과 채 사이 각: 어드레스 자세에서

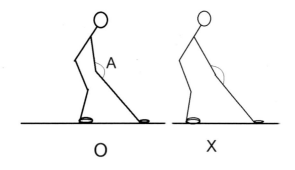

어드레스 자세를 취했을 때 팔과 채 사이의 각A는 어떤 역할을 할까? 다운스윙할 때 팔과 채를 일직선으로 했을 때보다 관성이 크게 발생하고 헤드 속도가 높아진다. 가끔 팔과 채를 일직선에 가깝게 어드레스 하는 경우를 보게 되는데 이는 잘못된 자세이다. 절대로 하면 안 된다.

2

골프 스윙

골프 스윙은 헤드가 공에 효율적으로 가장 강한 충격을 가하도록 형성되어야 한다. 또 관성을 최대로 발생시켜서 헤드 스피드를 높이는데 보탬이 되게 해야 하며 바른 궤도 형성을 위해 원심력과 구심력 또한 잘 활용해야 한다. 그러기 위해 채의 구조를 이해하는 것이 도움이 된다. 인체의 구조와 자세, 동작이 이런 사항들과 밀접한 관계를 가지고 있다. 다음의 설명들을 잘 이해하고 몸과 머리로 충분히 익히기를 바란다. 스윙은 하프 스윙 구간에서 양팔의 윗부분이 몸통에 밀착된 상태로 이루어져야 한다. 골프 스윙은 회전 중심이 고정된 어깨 회전에 의해 이루어지게 해야 한다.

① 그립

 그립은 꼭 쥐면 유연성이 떨어져서 좋지 않다. 왼손은 손바닥과 손가락이 채의 그립 부분에 닿는 정도로 오른손 역시 손가락과 바닥이 닿는 정도로 쥐는 것이 좋다. 양손은 일체가 되게 한다. 엄지손가락은 길게 뻗지 말고 짧게 하여 손목이 자유롭게 움직일 수 있게 하는 것이 좋다.

1) 왼손

손을 꼭 쥐었다 느슨하게 쥘 때 헤드가 회전하지 않게 해야 한다.

①왼손의 A부분이 채의 그립을 누르게 쥔다.

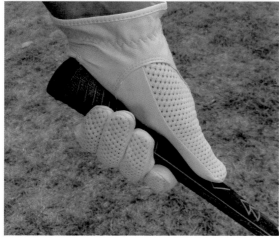

②왼손 엄지손가락 끝은 채의 가운데 보다
　살짝 오른 편으로 향하게 쥔다.

2) 오른손

엄지와 검지 사이의 V홈이 가운데 오게 쥐고 엄지손가락은 사진과 같은 위치가 되게
한다.

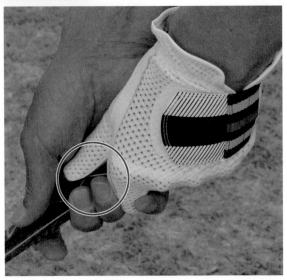

3) 그립의 종류

(1) 손 크기에 따라

손이 작은 사람은 위쪽 사진과 같은 인터록킹 그립, 손이 큰 사람은 아래쪽 사진의 오버랩핑 그립을 사용한다.

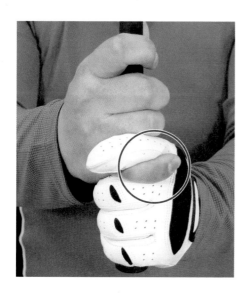

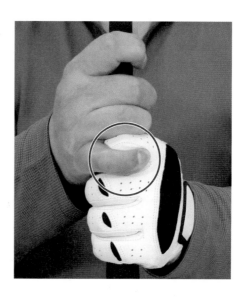

(2) V홈의 위치에 따라

위쪽 사진은 통상적인 그립으로 엄지와 검지 사이의 V홈이 중앙에 위치하도록 한 그립이다. 아래쪽 사진은 스트롱 그립이라고도 하며 오른손이 오른쪽으로 약간 회전한 상태. 엄지와 검지 사이의 V홈이 중앙보다 오른쪽으로 회전한 위치이다. 숙달된 사람들이 많이 사용하는 그립이다.

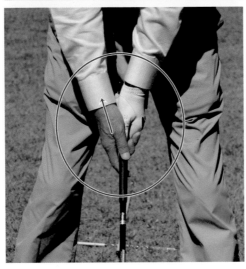

(3)그립 각에 따라

그립 각은 채의 헤드를 양발의 가운데 위치시켰을 때의 헤드 각도를 말한다. 오픈 그립은 슬라이스나 페이드 볼을 칠 때 사용한다. 스퀘어 그립은 스트레이트 볼(직선 타구)을 칠 때 사용한다(헤드가 약간 클로즈 되어 있는 것은 임팩트 때 헤드보다 손이 약간 앞서기 때문이다.). 클로즈 그립은 훅이나 드로 볼을 칠 때 사용한다.

오픈 그립

스퀘어 그립

클로즈 그립

④퍼팅 그립

퍼터를 쥘 때는 오른손으로 먼저 쥐고 사진처럼 왼손으로 쥐는 방법을 추천한다.

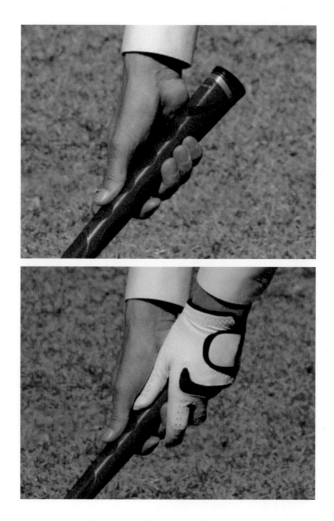

퍼터를 쥐는 방법은 사람에 따라 여러 가지가 있지만 자신이 편안하게 퍼팅할 수 있는 방법이면 좋다고 생각한다.

❷ 스탠스와 공의 위치

발의 간격은 드라이버의 경우 발뒤꿈치 간격이 어깨폭과 같게 하면 되고 그림의 1, 2, 3, 4는 약 3~5cm 정도씩 좁히면 되고 키와 체형에 따라 조정하여 편안하게 하면 좋다. 공의 위치는 체격, 채의 길이 등에 따라 적절히 조정할 것.

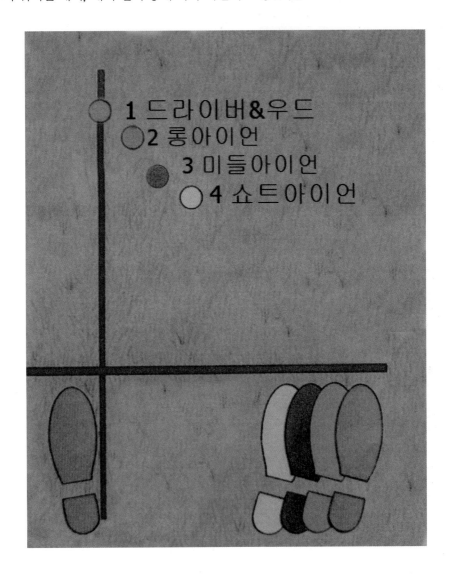

1) 스탠스의 종류와 쓰임

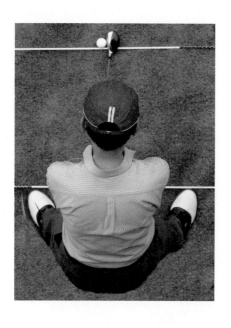

(1) 스퀘어 스탠스

양발 앞 끝을 이은 선이 목표선과 나란하게 선 자세로 직선 타구를 칠 때의 자세이다.

(2) 오픈 스탠스

양발 앞 끝을 이은 선과 목표선이 목표 쪽으로 넓어지게 선 자세로 슬라이스나 페이드 볼을 칠 때의 자세이다. 또 쇼트 아이언이나 웨지로 높은 탄도의 공을 칠 때에 오픈 그립과 함께 취하는 스탠스이다.

(3) 클로즈 스탠스

양발 앞 끝을 이은 선과 목표선이 목표 쪽으로 좁아지게 선 자세로 훅이나 드로 볼을 칠 때의 자세이다. 또 낮은 탄도의 공을 칠 때에도 취하는 자세이다.

하나 마나
어깨 회전축이 흔들리는 연습은 하나 마나.
궤도 평면이 휘어지는 스윙 연습하나 마나.
팔로 치는 연습 하나 마나.
헤드업하는 연습 하나 마나.

스윙 영상이나 실지 스윙하는 것을 볼 때 안 보이는 부분
손의 궤도
힘을 가하는 시점과 힘을 가하는 부분
다운스윙의 시작은 몸의 어느 부분부터 인지
레그 액션
임팩트 순간의 상태

③ 어드레스

어드레스 자세는 스윙을 좌우한다고 표현해도 될 만큼 중요한 사항이다. 무릎에 접하는 수직선을 기준으로 하고 자세를 취한 후에 엉덩이를 뒤로 빼어 몸무게가 발뒤꿈치 쪽에도 배분이 되게 한다.

1) 드라이브 어드레스

채의 라이 각보다 약 2~3° 정도 작게(헤드의 토우가 약간 들리게) 되도록 하고 헤드가 지면에서 약간 뜨게 채의 손잡이를 잡도록 자세를 취하면 좋다. 임팩트 시 채의 샤프트가 땅 쪽으로 휘기 때문이다(토우 다운). 팔은 수직으로 내린 상태보다 앞쪽으로 비스듬하게 된다. (아이언보다 더 비스듬하고 몸과 손의 거리도 아이언보다 멀다.)

2) 아이언 어드레스

채의 라이 각보다 1~2°작게 되도록 하고 채의 손잡이를 잡도록 하면 좋다. 팔은 수직으로 내린 상태보다 약간 앞쪽으로 비스듬하게 된다. (수직에 비해 3° 정도 추천) 손과 몸 간의 거리는 자신의 주먹으로 대략 1.5~2배 정도 범위에서 자신에게 맞는 간격을 찾으면 된다. (팔이 수직이 되게 하는 사람들도 있으나 이 경우 디봇이 깊게 만들어지게 되며 이때의 충격으로 부상의 위험이 있을 수 있다.)

9번 아이언

아이언 3번

포인트1
무릎에 접하는 수직선이 어깨 뒤쪽으로 지나게 무릎과 허리를 굽힌다. 키가 작은 사람은 다리의 움직임이 자연스러운 범위 내에서 무릎을 펴서 조정하면 좋다.

포인트2
엉덩이를 뒤로 빼어서 몸무게가 발바닥에 고르게 분포하게 한다.

포인트3
아이언 어드레스 자세에서 무릎과 허리를 구부리는 정도는 채의 번호와 관계없이 같다. 단지 공의 위치와 발의 간격이 다를 뿐이다.

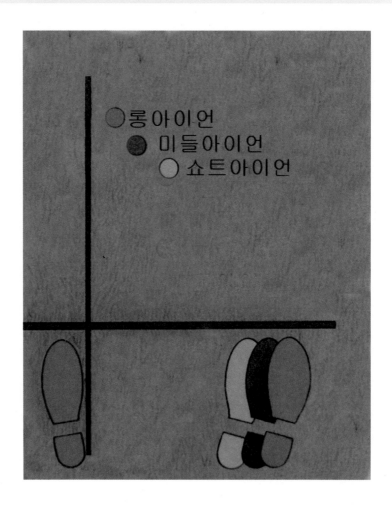

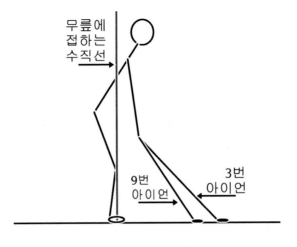

무릎에
접하는
수직선 →

9번
아이언 →

3번
아이언 →

아이언 어드레스 자세

아이언 어드레스 자세를 취했을 때에 팔을 수직으로 내린 경우도 있고 수직보다 약간 앞쪽으로 비스듬히 기울인 경우도 있으나 필자는 수직보다 약간 앞쪽으로 비스듬한 자세를 추천한다. 수직의 경우는 땅을 강하게 칠 수 있는 가능성이 높게 되고 이는 깊은 디봇을 만들게 되며 팔과 몸에 오는 충격이 커져서 부상의 위험이 커지기 때문이다.

팔과 채를 일직선에 가깝게 하려는 분들도 있는데 이런 자세는 절대로 하면 안 된다. 채가 그렇게 만들어져 있지 않기 때문이다

3) 어드레스 자세를 감각적으로 익히는 방법

 생활 공간에 많이 있는 모서리를 수직선이라 생각하여 이를 이용하여 어드레스 자세를 연습하는 방법이다.

모서리

4) 아이언 어드레스와 드라이버 어드레스

아이언 어드레스 자세보다 드라이버 어드레스 자세가 무릎과 허리가 좀 더 펴져 있다. 몸통과 팔이 이루는 각은 아이언일 때나 드라이버 때나 같다. 이것을 이용하여 아이언 자세에서 드라이버 자세로 쉽게 전환할 수가 있다. 몸통과 팔이 이루는 각(C)을 유지하면서 무릎과 허리를 약간씩 펴서 손이 드라이버의 그립 위치가 되게 하면 된다. 그러면 손과 몸 간의 거리는 아이언 때보다 멀어지게 된다.

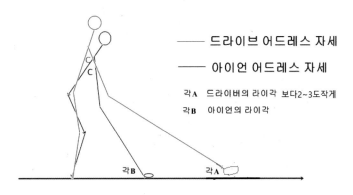

드라이버와 아이언의 어드레스 자세

어드레스 자세를 취할 때 손의 위치는?
채를 라이 각대로 세웠을 때 손잡이 높이.
단 드라이버의 경우는 토우 다운(Toe Down)을 감안 헤드가 땅에서 약간 들리게
토우가 약간(2~3° 정도) 들리게 (샤프트의 유연성과 속도에 따라 차이) 한 위치로 했을때 손잡이 위치.

5) 어드레스 자세에 대하여

어드레스 자세를 취할 때 무릎과 허리를 구부리는 정도는 키에 따라 다르게 된다. 따라서 여러 가지 자세가 생겨난다. 어떤 자세건 무릎에 접하는 수직선이 어깨 뒤로 지나가게 하는 것은 지켜야 한다. 무릎은 다리 움직임의 유연성을 확보하는 최소의 구부림, 즉 무릎에 힘을 주어 곧게 편 상태에서 힘을 뺀 상태, 대신 허리는 조금 더 굽힌 상태가 무난하다.

키에 따른 어드레스 자세. 채의 길이는 키에 맞게 선택

손과 몸 간의 간격

어드레스 자세를 취했을 때 손과 몸 간의 간격은 스윙 플레인이 업라이트하게 되느냐 플랫하게 되느냐에 영향을 미치는 요소이다. 간격이 좁아지면 업라이트한 스윙이 되고 이는 뒷 땅을 치는 한 원인이 되고 간격이 넓어지면 플랫한 스윙 쪽이 되어 토핑의 한 원인이 된다. 일반적으로 이 간격은 자신의 주먹의 1~1.5배 사이에 적절한 간격이 있다고 한다. 즉 이 사이에서 공이 잘 맞는 간격을 찾으라는 말이 된다.

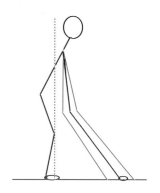

⑥ 퍼팅 어드레스 자세

발의 간격은 쇼트 아이언 때의 간격 정도로 편안한 간격을 찾고 공의 위치는 양발의 가운데 위치보다 공의 반지름 정도 왼쪽(목표 방향 쪽)에 위치하게 하는 것을 추천한다.

헤드의
최저점

공 전후의 헤드 궤도

공을 가운데보다 조금 목표 방향으로 두는 것은 공을 목표 방향으로 잘 굴리기 위함이다. 사람에 따라, 채에 따라 다르므로 공이 잘 굴러가는 위치를 찾아서 하면 좋다. 회전하는 물체는 회전축을 바꾸지 않으려 한다는 성질을 활용하기 위함이다.

무릎은 다리의 유연성을 유지할 수 있는 정도(다리를 곧게 편 상태에서 무릎의 힘을 뺀 상태)면 좋고 허리의 굽힘은 채에 따라 다르게 해야 하지만 각 개인의 선택에 따를 수 있다. 좀 일어선 자세가 편한 사람은 그 자세를, 많이 굽힌 자세가 편하거나 좋은 사람은 그 자세를 택하면 되고 이에 맞는 퍼터를 선택하면 된다. (5장 '골프 클럽의 선택' 참조)

말렛형 퍼팅 자세   블레이드형 퍼팅 자세

채에 따른 허리 굽힘의 정도는 블레이드형 퍼터의 경우 대체적으로 약간 일어선 자세이고 말렛형 퍼터의 경우는 많이 굽힌 자세가 옳다. 약간 일어선 자세일 때는 궤도가 부채꼴에 가깝게 형성되고 많이 굽힌 자세일 경우는 궤도가 직선에 가깝게 형성이 된다. 취향에 따라 편안한 쪽을 택하면 된다. 요즘은 블레이드형 퍼터도 말렛형에 가까운 자세를 취할 수 있는 것도 있다. 4장 '골프채의 구조와 특성'을 참고하기 바란다.

자세는 지금까지 설명한 것을 기본으로 하여 크게 벗어나지 않는 범위 내에서 약간씩 변화시켜 자신에게 적합한 자세를 찾아서 익혀야 한다. 예를 들면 허리를 굽히는 정도를 조정한다든지 어드레스 자세에서 손과 몸 간의 거리 조정 등, 실제 공을 쳐보면서 크게 벗어나지 않는 범위 내에서 해야 한다.

어드레스 자세를 취할 때 양팔의 윗부분을 가볍게 옆구리에 붙이면 자세 안정에 도움이 된다. 그런 다음 가벼운 어깨 회전에 의한 스트로크를 하면 좋다.

퍼트와 깃대
2019년부터 그린에서 깃대를 꽂고 퍼트를 해도 된다. 마이 골프 스파이의 실험 결과 깃대를 꽂고 퍼트하는 것이 훨씬 유리하다는 것이다. 여러 가지 사정에 따라 차이는 있지만 종합적으로 깃대가 꽂혀 있을 때 성공률이 62.5%, 깃대가 없을 때 31.6%로 2배 정도의 차이가 있다.
마이 골프 스파이 결론
·깃대를 꽂아 두는 것이 언제나 유리하다.
·깃대를 꽂아 두었을 때 공이 빗나가도 홀 가까이 멈춰 다음 퍼트에 유리하다.
·부드러운 깃대가 유리하지만 단단한 깃대도 있는 것이 유리하다.
·깃대가 골퍼 쪽으로 기울었다면 확률이 크게 높아지지 않지만 없는 것보다 낫다.

④ 스윙

 골프 스윙은 채와 우리 몸의 구조가 잘 어우러지는 자세로 물리 이론에 합당한 동작을 함으로써 모든 동작이 자연스럽게 이루어지게 해야 한다. 그리고 팔과 채의 임팩트 전후 움직임으로 헤드가 추처럼 움직이게(진자 운동) 하는 것이 좋다.

 스윙에서 중요한 것은 관성을 발생시켜 활용하는 스윙이 되어야 한다는 것이다. 입문자들은 어떻게 스윙을 해야 할지에 대해 많은 의문에 부딪히기 마련이다. 그래서 본격적인 스윙을 설명하기 전에 스윙의 가이드가 되고 기준이 되는 사항 몇 가지를 먼저 설명한다. 올바른 자세와 올바른 동작을 알고 하면 골프 스윙은 간단하다. 다만 몸으로 익히는데 많은 연습이 필요하다. 스윙을 연습하기 전에 꼭 알아두어야 할 몇 가지에 대해 먼저 설명한다. 스윙은 골프에서 가장 중요한 동작이라 할 수 있다. 잘못 익히면 고치기가 어려우므로 반드시 바르게 익혀야 한다. 스윙은 축의 회전에 의해서 이루어져야 한다. 스윙 중 궤도 수정, 자세 수정 등의 보상 동작은 발생 하지 않도록 해야 한다.

축의 회전

골프 스윙은 축의 회전에 의해서 이루어진다. 백스윙은 의도에 의해, 다운스윙은 채에 맡기고. 따라서 축의 회전에 힘을 가해야 한다. 특히 온 힘을 다 가해야 하는 때는 다운스윙할 때이다. 이때 힘을 빼면 비거리가 줄어든다. 여기서 축이란 머리에서부터 엉덩이까지를 말한다. 이 축이 빠르게 회전할 때 헤드의 회전 속도가 높아지게 된다. 그렇게 하려면 축의 한쪽 끝인 엉덩이 회전에 힘을 가해서 축의 회전을 리드해야 한다. 그렇게 하면 어깨의 회전도 따라 오게 된다. 이때 반드시 지켜야 할 것은 어깨 회전의 중심이 흔들리면 안된다. 팔이 어깨에 붙어 있기 때문이며 어깨 회전의 중심이 흔들리면 헤드의 스윙 궤도가 변하고 이는 임팩트 포인트를 일정하게 유지하지 못하게 되어 공이 제멋대로 날아가게 된다. 스윙할 때에 왼팔은 회전축에 붙어 있는 유연하게 움직일 수 있는 축이 회전하면 따라 회전하는 막대기가 되어야 한다. 그래서 팔은 곧게 뻗는 데만 힘을 가해야 한다.

1) 사전에 알아야 할 사항

(1) 스윙 플레인

스윙 플레인이란 스윙할 때 헤드가 그리는 궤적 평면을 말한다. 다운스윙할 때
헤드의 궤적은 휘거나 꺾이거나 해서는 안 되며 연속성을 가져야 하고 헤드 페이스의
그루브선이 수평인 상태로 스퀘어 임팩트가 되는 궤도라야 한다.

우드와 아이언의 스윙플레인

아이언의 스윙플레인

우드의 스윙플레인

위의 그림은 우드(드라이버 포함)세트와 아이언 세트의 스윙 플레인의 경향을 그린
것이다. 우드의 스윙 플레인은 플랫한 편이고 아이언의 스윙 플레인은 우드보다

업라이트하다. 골프채마다 각각 다른 고유의 스윙 플레인을 가지고 있다. 다운스윙할 때 채마다 고유 스윙 플레인이 잘 형성되도록 스윙을 해야 한다.

손의 궤적 평면

다운스윙을 할 때 손이 그리는 궤적이 형성하는 평면을 생각할 수 있다. 이 평면은 휘거나 꺾이지 않는, 연속성이 있는 평면이다. 손의 궤적 평면은 헤드 스윙 플레인보다 더 업라이트한 평면이다.

샤프트 궤적 평면

다운스윙을 할 때 샤프트가 그리는 궤적면을 생각할 수 있다. 이 면은 휘어가며 형성이 된다. 입문자들을 어렵게 하는 한 요인이다.

아래 그림에서 손과 헤드, 샤프트가 움직인 면이다. A점에서 B점(코킹이 풀리기 시작하는 시점)부근까지는 헤드, 샤프트, 손이 거의 같은 평면상에서 움직이다가 B점 부근부터 각각 다른 면상으로 움직인다.

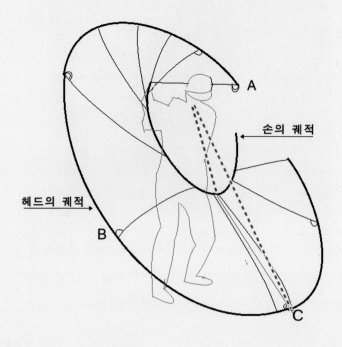

(2) 레그 액션

레그 액션은 스윙 동작 전반에 영향을 주며 비거리를 늘이는 데에도 도움을 주는 매우 중요한 동작이다. 그리고 머리의 고정과 축의 회전에도 많은 도움을 준다. 레그 액션을 잘하면 그렇지 못한 때보다 비거리가 15~20% 늘어날 수 있다.

탑 레그 액션 구간 ─────────────→

────────────────────────────→

어드레스 때의 다리 자세이다.
무릎이 적절히 굽혀져 있으며 대칭적이다.

백스윙했을 때의 다리 자세이다.
왼 다리는 무릎이 공이 있는 방향으로 굽혀져 있고
오른 다리는 어드레스 때보다 펴져 있는 상태이다.

엉덩이 회전과 레그 액션
다운스윙에서 엉덩이를 회전하며 이동한 때의 다리의
상태이다. 관성을 많이 발생시키는 구간이다.
(※코킹이 풀리기 시작하는 위치)

스윙탑   피니시

레그 액션
다운스윙 동작과 보조를 맞추어 임팩트 때까지
왼 다리를 힘차게 편다. 헤드 가속력이 더욱 높아 진다.

레그 액션은 축의 원활한 회전과 엉덩이 회전과 이동(체중 이동), 비거리 향상을 위해서 꼭 필요하다. 레그 액션은 의도적이라기보다 바른 스윙에 의해 자연스럽게 이루어진다.

(3) 어깨 회전 중심의 고정

어드레스-스윙 탑-임팩트-릴리스까지의 구간에서 머리의 고정은 필수이다. 머리가 흔들리면 임팩트의 정확도가 나빠진다. 왼쪽 어깨와 오른쪽 어깨의 위치 교체.

| 스윙 탑 | 코킹 풀리는 시점 | 임팩트 | 릴리스 |

머리의 고정과 레그 액션, 스윙 감각 연습하기

주변의 벽이나 야외의 나무에 머리를 대고 어드레스 자세를 취하고 백스윙과 다운스윙을 해 보라. 어깨 회전 중심이 움직이지 않게 하기 위해서 몸과 다리가 어떻게 움직여야 하는가? 이 느낌을 충분히 익힌 다음 채를 들고 그대로 되는지를 확인하며 연습하는 것이 좋다. (머리 고정이 어려운 이유는 회전축의 한쪽 끝이며 허공에 떠 있기 때문이다. 다른 축은 양다리가 받치고 있어서 축의 회전에는 반드시 레그 액션-다리의 움직임-이 필요하게 된다.)

머리의 고정

이것은 어깨 회전의 중심을 고정시키기 위함이다. 실제로 어깨 회전 중심은 목과 어깨가 연결된 부분이나. 어드레스에서 딥, 임팩트, 릴리스까지 고정되어야 한다.

나이 많으신 분들의 머리 고정

몸의 유연성이 떨어지므로 임팩트 순간까지만 고정하고 회전에 따라 회전하는 편이 채의 헤드 가속에 도움된다. 이때, 일어서지 않는 것이 바람직하다.

⑷ 체중의 이동

골프 스윙에서 체중 이동은 다운스윙 시작부터 피니시까지 이루어지지만 특히 다운스윙 초기에 해당하는 다운스윙 시작부터 릴리스 구간에 체중 이동이 많이 이루어진다(팔은 끌려 오는 형태). 다운스윙에 가장 중요한 부분이다. 이 부분이 잘못되면 다운스윙은 망가지게 된다.

체중 이동이란
백스윙할 때 회전축의 하나인 오른 다리에서 다운스윙하면서 회전축을 왼 다리로 옮기는 동작이다.

스윙 탑   릴리스

(5) 축과 다리가 이루는 각의 유지(축: 머리, 목, 등뼈, 엉덩이까지)

어드레스

백스윙

임팩트

팔로우스루

⑹ 스윙 아크

스윙 아크는 스윙을 어떻게 했느냐에 따라 달라진다. 백스윙 아크와 다운스윙 아크는 스윙을 어떻게 했든 같을 수는 없다. 체중 이동 등의 영향 때문이다. 그림의 스윙아크는 프로선수들의 스윙을 순간순간 캡처하여 그린 것이다. 드라이버의 경우, 양옆은 채 길이 그대로이고 임팩트 때는 기울어져 있기 때문에 채 길이보다도 짧게 보인다.

정면에서는 타원으로 보이지만회전 중심축 상에서 보면 원이다.

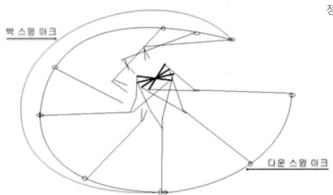

드라이브 스윙아크

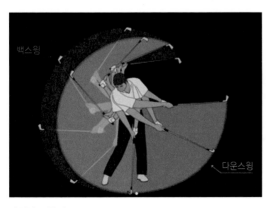

아이언 스윙 아크

아크 형성이 잘된 것이다. 다운스윙 초기 체중 이동이 충분히 잘 되고 릴리스가 잘 되었을 때 형성된다. 당연히 비거리가 좋다.

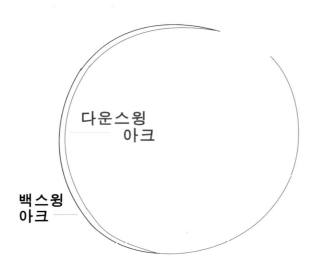

다운스윙
아크

백스윙
아크

좋지 않은 스윙아크

아크가 좋지 않게 형성된 경우이다. 다운스윙 초기 체중 이동이 별로 없고 임팩트 후에 몸의 회전속도가 감소하여 채가 팔을 끌고 가는 형태가 되었을 때의 모습이다. 팔로 스윙했을 때나 임팩트 후에 몸의 회전을 하지 않았을 때 형성된다.

(7) 스윙의 중요 포인트

1. 채의 관성과 원심력, 구심력을 최대로 활용하는 스윙이 되어야 한다. 그렇게 하기 위해서는 스윙 탑에서 코킹이 풀리는 시점까지 손을 회전하지 않고 그대로 끌어내려야 하며 코킹은 늦게 풀수록 좋다. 관성을 많이 발생시킬 수 있는 구간은 탑에서 코킹이 풀리는 시점까지의 구간이며 코킹을 늦게 풀수록 관성은 더 크게 발생하게 된다.

2. 스윙 중에 어찌 하라는 동작들, 예를 들면 "머리를 고정하라.", "오른팔을 옆구리에 붙여라.", "임팩트 후에도 계속 회전하라.", "팔로우스루를 잘하라." 등등은 의도적으로 만들어지는 것이 아니라 바른 자세와 옳은 스윙에 의하여 자연스레 형성되는 것이다.

다운스윙할 때 손의 회전

탑에서 코킹이 풀리기 시작하는 시점까지: 왼 손등이 정면을 향함.

코킹이 풀리기 시작하는 시점부터 임팩트까지: 90° 회전

임팩트에서 팔로우스루까지: 90° 회전

← 손이 180° 회전하는 구간 →

| 스윙 탑 | 코킹 풀기 시작 | 임팩트 | 팔로우스루 |

※손의 회전에는 그립할 때 오른손 검지 손가락의 영향이 크다.

좌우 어깨의 치환(회전 이동에 의해)

| 스윙 탑 | 코킹을 풀기 시작하는 위치 | 팔로우스루 |

3. 백스윙이든 다운스윙이든 축의 회전에 의해 행해져야 하며 축의 회전이 원활히 이루어지도록 레그 액션, 체중 이동 등 움직임이 필요하다.
4. 스윙할 때 양팔은 가까운 쪽이 힘이 집중되고 비거리가 늘어나게 된다. 연습 방법은 다음과 같다.
5. 헤드는 추 운동이 되어야 한다.

양 팔 붙이기 연습
고무줄이나 자전거 튜브를 이용해 연습할 수 있다. 백스윙을 할 때 양팔이 가까운 쪽이 좋다. 팔로 힘을 보탤 때 유리하다.

스윙 템포
스윙폼과 템포는 한결같아야 한다. 예를 들면 공의 방향이 다르다고 해서 손이나 팔을 이용해 앞으로 민다든지 왼쪽으로 당긴다든지 하는 동작은 해서 안 되며 스윙폼은 한결같이 유지해야 한다.

2) 스윙

골프채의 발전에 따라 골프 스윙도 시대직으로도 변천해 왔고 현재도 변해가고 있다. 형태도 참으로 다양하다. 그러나 변치 않는 것은 임팩트 때 조건이다. 채의 솔이 수평이고 목표선과 헤드 페이스가 스퀘어가 될 것, 헤드의 스윗 스팟에 공이 맞을 것, 왼팔이 곧게 뻗은 상태일 것 등이다. 이런 것들은 스윙에 의해서 이루어진다. 스윙 폼이 어떻든 임팩트 시 상기 조건을 만족하면 공은 직선으로 날아간다. 다만 비거리를 늘이려면 다운스윙 헤드 궤도는 상기 조건을 만족하는 연속성 있는 궤도이어야 한다. 이런 궤도가 형성되고 안정적이고 불편없이 감당할 수 있는 스윙이라면 큰 문제 될 것이 없다. 백스윙이 부적절하거나 탑의 위치가 부적절하여 이를 보정하는 동작을 하는 경우를 볼 수 있는데 이것은 비거리를 줄이는 원인이 된다. 이런 것들은 교정해야 할 것이다. 기본을 익힌 후에 자기 스타일을 찾아 만들고 숙련할 필요가 있다.

(1) 백스윙

백스윙은 어깨 회전과 팔의 회전에 의해서 이루어져야 한다. 이 때 머리가 흔들리거나 회전 이동해서는 안 되며 엉덩이 회전은 가능한 한 억제해야 한다.

① 테이크어웨이

테이크어웨이는 채의 샤프트가 수평이 되고 목표선과 나란한 위치가 되도록 손을 90° 회전시키며 레그 액션과 축(몸통)의 회전에 의해서 이루어지는 동작으로 백스윙의 가이드 역할을 하는 중요한 동작이라 할 수 있다. 어깨 회전과 팔의 회전에 의해서 이루어진다.

왼쪽 무릎은 공이 있는 방향으로 휘어지며 오른 다리는 펴지며 체중은 오른 다리 쪽으로 이동해 간다. 머리가 회전 이동을 해서는 절대로 안 된다. 엉덩이 회전은 최소로 억제하고 위치도 그대로 유지해야 한다.

어드레스 자세에서 채와 손은 90° 회전하며 채가 수평이 되고 목표선과 나란한 위치까지 회전 이동해 간다. 이 위치가 테이크어웨이 마지막 위치이다. 이 위치에서 왼 손등은 정면을 향하게 되며 헤드 페이스는 정면보다 로프트 각 만큼 왼쪽을 향하게 된다. 헤드 페이스가 공을 향하게 해서는 안 된다. 테이크어웨이는 백스윙의 가이드 역할을 하는 중요한 동작이다.

테이크어웨이의 중요성
테이크어웨이는 백스윙의 시작단계로 탑까지 헤드 궤도를 정하는 매우 중요한 과정이다. 탑의 위치가 정해지고 다운스윙 궤도가 정해진다. 다운스윙할 때 스윙 플레인에 큰 영향을 미치기 때문에 테이크어웨이를 바르게 해야 스윙 전체가 바르게 될 수 있다.

테이크어웨이는 백스윙 과정 중에서도 시작 부분이다. 백스윙 과정 중 채 무게의 저항을 많이 느끼게 된다. 이로 인해 손의 움직임이 앞쪽으로 벗어나는 경우가 있다. 테이크어웨이 마지막에는 채와 왼팔이 동일한 평면에 있게 된다. 따라서 천천히 이행하는 것이 필요하다.

② 테이크어웨이 이후의 백스윙

테이크어웨이 이후의 백스윙은 어깨 회전에 의해서 행하여지며 테이크어웨이 때의 헤드 궤도의 연장선을 따라 이동하면 된다. 왼쪽 무릎은 좀 더 굽히며 오른쪽 다리는 더 펴진다. 채가 수평이 되고 목표선과 나란히 될 때까지이다. 이 구간에서는 반드시 손, 왼팔, 채, 헤드는 동일 평면(팔 평면) 상에서 이동해 가게 해야 한다. 엉덩이와 머리가 흔들리지 않게 해야 한다.

의도하지 않아도 체중은 오른 다리 쪽으로 이동하게 되며 정면에서 보았을 때 등은 약간 기울어진 것으로 보이게 된다.

손이 테이크어웨이 연장선을 따라 움직이다 보면 어느 시점에서부터 오른팔이 옆구리에서 떨어지게 된다. 그러면 헤드가 궤도를 벗어나지 않게 된다.

③ 스윙 탑-탑의 위치는 팔 평면(p133 참조) 상에 있어야 한다.

백스윙의 마지막 단계로 채가 수평이 되고 목표선과 나란하게 되는 위치이다.
오버스윙은 하지 않는 것이 좋으며 오히려 오버스윙보다 약간 언더스윙이 낫다. 중요한
것은 다운스윙할 때 헤드 궤도(스윙 플레인)가 연속이 될 수 있는 위치라야 한다는 것이다.
그러려면 하프 스윙 이후부터 오른팔이 옆구리에서 서서히 떨어지면서 채가 올라가게
하면 된다. 헤드가 테이크어웨이할 때의 연장선을 벗어나게 해서는 안 된다.

| 손목 1 | 손목 2 | 손목 3 |

스윙 탑에서의 손목의 형태로

손목 1은 흔하게 취하는 스윙 탑에서의 손목의 형태이다.

손목2는 손목을 안쪽으로 약간 굽힌 형태로 헤드 페이스가 열려서 임팩트하는 것을
방지하기 위해 취하는 형태로, 손목을 굽히는 정도와 시점은 사람에 따라 약간씩
다르다. 드라이버 스윙을 할 때 사용한다.

손목 3은 좋지 않은 손목 형태이다.

어드레스에서 탑까지의 백스윙은 어깨 회전에 의하여 이루어지며 엉덩이 회전은 가능한 한
억제해야 한다. 머리는 고정되어야 한다. 이렇게 하면 체중 이동과 레그 액션은 의도하지
않아도 자연스레 이루어진다.

백스윙의 한 요약
백스윙은 어깨 회전과 팔로 채를 들어올리는 동작에 의해 이루어진다. 머리는 고정되어야하고
엉덩이 회전은 가능한 한 억제한다. 나이 드신 분들은 무리하지 않고 가능한 데까지 하는 것이
바람직하다. 손은 팔 평면 상에서 움직이게 해야 한다. 팔의 윗부분을 옆구리에 붙이는 구간은
하프스윙 정도까지 이고 그 이후는 팔이 옆구리에서 떨어지면서 진행이 되어야 헤드와 손의
궤도가 휘어지지 않고 연장된다.

좋은 백 스윙

머리가 움직인 백 스윙

임팩트가 불안정하게 되어 여러 가지 문제가 발생하게 된다.

머리가 고정된 백스윙과 머리가 움직인 백스윙의 결과.

(2) 다운스윙

다운스윙은 엉덩이 회전부터 시작하여 축의 회전을 리드해 가며 엉덩이 회전은 피니시까지 계속해야 하며 쓸 수 있는 힘을 다 가해도 좋다. 이때 왼팔을 곧게 뻗어 버티면서 따라 내려와야 한다. 이때 코킹을 풀기 시작하는 시점까지 팔과 손으로 채를 공의 방향으로 회전하도록 힘을 가해서는 안 된다. 임팩트 후에도 엉덩이와 어깨를 계속 회전하여 헤드의 궤도를 임팩트 전후 입체적인 대칭(진자 운동)이 되게 해야 한다. 엉덩이와 어깨의 회전이 충분해야 한다. 이 부분에 대해서는 이 항의 끝에서 다시 한번 언급하겠다. 다운스윙은 단순히 채를 휘두르는 동작이 아니고 반드시 채를 뿌리는 동작이 수반되어야 한다. 요령은 스윙편의 맨 마지막에 있다.

다운스윙 헤드 궤도
다운스윙할 때는 채에 맞는 헤드 궤도가 있다. 이 궤도를 벗어난 다운스윙은 정확한 임팩트가 될 수 없다. 그리고 다운스윙 중에 궤도를 수정한다는 것은 거의 불가능하다. 약간 수정할 수 있다고 해도 정확한 임팩트는 되지 않는다. 따라서 탑의 위치가 중요하고 스윙하고 있는 채에 맞는 궤도가 되게 다운스윙하는 방법을 익혀야 한다.

① 탑에서 코킹이 풀리는 시점까지

다운스윙의 처음 부분으로 다운스윙 전체를 좌우하는 대단히 중요한 움직임이다. 엉덩이 회전의 선행과 리드, 레그 액션, 체중 이동에 의해 행해야 한다. 팔에 의해 행해서는 안 된다. 팔과 손은 그대로 따라오게 하면 된다. 채를 공의 방향으로 회전하게 하는 힘을 가해서는 안 된다. 탑에서의 손의 방향을 그대로 유지하면서 코킹이 풀리는 시점까지 끌어내려야 한다. 관성을 최대한 발생시키고 보태기 위해서다. 채도 그런 구조로 만들어져 있다. 왼 다리는 펴지고 오른 무릎은 왼쪽으로 이동해 간다. 머리는 이동 없이 그대로 유지해야 한다. 관성이 가장 많이 발생하는 과정이고 관성을 많이 발생시켜야 한다. 이 구간은 손, 왼팔, 채, 헤드가 모두 동일 평면 상에서 움직여야 한다. 그리고 엉덩이 회전에 힘을 가해야 한다.

탑의 위치
다운스윙 시작부터 힘을 가하기 위해서는 탑의 위치가 대단히 중요하다. 탑의 위치가 부적합하면 처음부터 힘을 가할 수가 없다. 채는 목표선과 평행이고 수평이어야 한다.

다운스윙을 시작하여 하프스윙 정도의 위치부터 오른팔의 윗부분은 반드시 옆구리에 붙여 원심력에 대응하는 적절한 구심력으로 작용하게 해야 한다.

② 코킹이 풀리기 시작하는 시점부터 임팩트까지

머리의 위치는 계속 유지하며 엉덩이와 어깨와 축의 회전도 계속하며 손목의 유연성은 최대로 확보하여 채를 계속 회전시킨다. 회전과 보조를 맞추어 왼 다리는 힘차게 완전히 펴지며 손과 헤드는 매우 빠른 속도로 90° 정도를 회전하며 공을 때리게 된다. 관성과 원심력, 구심력이 가장 많이 작용하는 구간이다. 그리고 임팩트 때는 반드시 왼팔이 곧게 펴져 있어야 한다.

다운스윙 시 관성과 원심력이 크게 생성되므로 이를 컨트롤하기는 매우 어렵다. 따라서 이를 거슬러야 하는 스윙을 해서는 안된다.
헤드의 궤도는 연속성있게 해야 한다. 궤도의 수정이나 궤도가 휘어지게 해서는 안 된다.

탑   엉덩이 회전, 체중 이동, 어깨 회전이 동시에 행해지는 구간 ⟶

⟶   긴 채(드라이버)   짧은 채(아이언)

다운스윙은 엉덩이 회전부터 시작하고 엉덩이 회전이 다운스윙을 리드하게 해야 하며 엉덩이 회전에 큰 힘을 가해야 한다.

 왼팔을 곧게 뻗은 상태로 임팩트하면 슬라이스 등의 문제가 해결된다. 코킹은 늦게
풀리는 것이 비거리가 늘어난다. 코킹이 늦게 풀리게 하기 위해서는 채의 관성을
이용해야 한다. 그러기 위해서는 손의 다운 속도가 가속이 되어야 한다. 채가 가속에
저항하는 힘(관성)을 이용해야 한다.

손의 위치가 같지만 왼쪽사진은 코킹이 풀리기 직전이고 오른쪽 사진은 이미 코킹이 풀린 상태로 좋지 않은 상태이다.

③ 임팩트에서 릴리스까지

임팩트 후에도 엉덩이 회전과 어깨와 축은 멈추지 않고 계속 회전해야 손과 헤드도 90°를 더 회전하게 된다. 머리의 위치는 계속 유지한다. 코킹이 풀리기 시작하는 시점부터 팔로우스루까지 손과 헤드는 빠르게 180°를 회전하게 되고 관성이 가장 크게 작용하는 구간이다. 그래서 필자는 이 구간을 관성 구간이라 부른다. 물론 원심력과 구심력 또한 크게 작용하게 된다.

연세가 많으신 분들은 몸의 유연성이 떨어지므로 머리의 고정은 임팩트 순간까지만 하고 몸의 회전에 방해가 되지 않게 회전해도 무방하다.

팔이 채를
끌고 간다.

손이 머리
보다 높다.

임팩트 후에도 계속 회전하여 팔이 채를 끌고 간다.
비거리가 늘어난다.

팔로우스루의 형태와 비거리
임팩트 이후 팔이 채를 더 오래 끌고 갈수록 비거리가 늘어난다. 그렇게 하려면 계속적인 빠른
어깨와 축의 회전이 필요하다

좋지 않은 형태
채가 팔을 끌고 가는 형태
팔로 쳤을 때

좋은 형태
팔이 채를 늦게까지
끌고 간 형태

④ 이후 피니시까지

릴리스 이후에 상체는 일어서면서 회전하여 목표 방향을 향하게 된다. 이때 자세가 불안정해지면 안 된다. 엉덩이 회전과 어깨 회전은 계속해야 한다.

| 팔로우스루 | 팔로우스루 끝부분 | 피니시 |

엉덩이 회전에 대하여

골프 스윙에서 어떤 형태의 스윙을 해도 엉덩이는 회전한다. 그러나 다운스윙할 때에 힘을 가하여 엉덩이 회전을 하여 이 엉덩이 회전이 축의 회전과 어깨 회전을 리드하게 해야 한다. 스윙은 엉덩이 회전이 축의 회전과 어깨 회전을 리드하는 스윙이 되어야 한다. 그리고 다운스윙할 때 엉덩이 회전에 있는 힘을 다 가해도 좋다. 힘을 빼라는 말은 틀린 말이다.

어깨 회전 중심은 유지해야 한다.

어깨 회전의 중심은 목 부분이고 이 중심은 골프 스윙의 중심이 된다. 팔 회전의 중심이 되고 헤드 회전의 중심이 된다. 이 중심이 흔들리면 헤드 궤도가 달라진다. 공은 처음에 놓은 자리에 그대로 있는데 헤드 궤도가 변하면 임팩트가 바르게 될 수가 없게 된다. 그래서 최소한 백스윙에서 다운스윙 임팩트 릴리스까지는 이 축을 유지해야 한다. 흔히 머리의 고정이라고들 한다. 릴리스까지 공을 끝까지 보는 것은 축의 유지에 도움이 된다. 축의 다른 한쪽은 엉덩이 부분이 되는데 이는 체중 이동 등의 영향으로 좌로 이동하나 헤드 궤도에 영향을 주지는 않는다. 체중의 이동은 비거리를 늘이는데 도움을 준다. 체중의 이동과 축의 회전을 원활하게 하기 위해서 레그 액션은 필수이고 바르게 익혀야 한다. 올바른 레그 액션도 비거리를 늘이는데 도움이 된다.

어드레스

테이크어웨이

스윙 탑

코킹이 풀리기 시작하는 위치

임팩트

릴리스

피니시

피니시 때에 어깨 회전은 얼마나?

임팩트 후 90°이상이 되어야 한다. 즉 백스윙 탑의 위치에서 최소 180° 이상을 회전해야 하는 것이 필요하고 이렇게 되도록 충분히 연습하는 것이 좋다. 나이 드신 분들은 무리할 필요는 없다.

다운스윙의 키 포인트

엉덩이 회전이 리드해 가는 것이다. 이때 코킹이 풀리는 시점까지 채를 공쪽으로 회전하도록 해서는 안된다. 탑에서 정면을 향한 왼쪽 어깨 끝 위치에 어깨 회전에 의해 오른쪽 어깨 끝을 위치시킨다.

어깨와 팔을 경직되게 해서는 절대로 안 된다. 힘을 빼라는 말은 여기에 해당하는 말이다.

토우 다운(Toe Down)

다운스윙을 할 때 원심력의 수직 분력에 의해 샤프트가 지면 쪽으로 휘는 현상을 말한다. 원심력이 가장 큰 때는 헤드 스피드가 가장 빠른 임팩트 시점이므로 토우 다운 현상도 이때가 가장 크게 나타나게 된다. 이 현상은 헤드를 지면 쪽으로 가깝게 하고 헤드의 수평각을 변형시키므로 토우 다운 현상은 드라이버가 가장 심하게 나타나며 헤드 스피드가 빠를수록, 샤프트가 유연할수록 심하게 된다. 샤프트 강도가 자기 스피드에 맞아야 하는 하나의 이유이다. 또 드라이버 어드레스 자세가 아이언 자세에 가까운 자세일 때 손의 궤도 차이는 더 커져야 한다.

세계 대회에서 우승을 많이 한 선수들은 어드레스 때나 임팩트 때의 궤도 차이가 대체로 작은 것도 알 수 있었다.

어드레스

임팩트 순간

토우 다운

아이언의 경우는 샤프트가 짧고 정확성을 높이기 위해 비교적 강한 샤프트를 사용하고 있기 때문에 토우 다운은 드라이버에 비해 작다.

어깨 회전과 회전의 중심

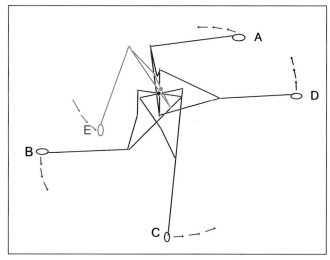

A 때의 왼쪽 어깨 끝 위치와 D 때의 오른쪽 어깨 끝의 위치는 같다. 어깨 회전에 의해 치환된 것이다.

A: 백스윙 탑
B: 코킹이 풀리기 시작하는 시점
C: 임팩트
D: 팔로우스루
E: 피니시 과정

A-B-C-D구간은 어깨 회전의 중심이 고정(빨간 점)되어 회전하고 D-E구간은 상체가 조금 일어서며 어깨 회전의 중심이 파란 점 쪽으로 이동해 가며 피니시하고 있다. 어깨선의 회전은 탑에서 피니시까지 180° 이상 회전하고 있다.

엉덩이 회전
다운스윙할 때 엉덩이 회전부터 시작하여 스윙을 리드하는 것은 채의 헤드가 추 운동을 할 수 있게 하는 중요한 요소이다. 특히 백스윙할 때 엉덩이는 어드레스 때 위치에서 회전은 최대한 억제해야 한다. 다운스윙 때에도 그대로 회전만 하는 것으로 시작하여 이동하게 하는 것이 좋다.

체중 이동보다 몸통 회전이 우선이다.–골프 스윙에서

골프 스윙은 축의 회전에 의해서 이루어져야 한다. 이때 매우 중요한 사항은 팔이 붙어 있는 어깨 회전의 중심이 움직이지 않아야 한다. 백스윙 구간과 탑에서 임팩트 릴리스까지의 구간이다. 그 이후의 구간은 상체가 다소 일어서면서 피니시까지 진행하게 된다. 이렇게 하는 다운스윙 구간에서는 자연스럽게 체중 이동이 되게 된다. 체중 이동은 이것으로 족하다. 아마추어 골퍼들 중에는 체중 이동을 우선시하여 백스윙할 때나 다운스윙할 때 회전보다 체중 이동이 먼저 시작 되는 경우를 종종 본다. 이는 많은 문제점을 야기시켜 구질이 왔다 갔다 하게 되고 이렇게도 해 보고 저렇게도 해 보며 헤매게 된다. 스윙은 회전이 선행되고 회전이 중심이 되어야 한다. 체중 이동은 스윙에 힘을 보태고 스윙을 원활하게 함으로 속도를 높이게 되는 것이다.

스윙과 관성

골프채는 관성을 활용하는 구조로 되어 있다. 관성을 많이 발생시키고 이를 잘 활용하는 것은 스윙에 달려 있다. 어떤 형태의 스윙을 해도 관성은 발생한다. 그렇지만 관성을 최대로 발생시킬 수 있고 최대로 활용할 수 있는 스윙 방법은 정해져 있고 이는 어드레스 자세, 백스윙 탑의 위치와 다운스윙을 어떻게 하느냐에 달려있다. 이 책에서 잘못된 어드레스 자세의 예를 몇 가지 나열하고 있는데 이들 자세는 모두 관성의 발생을 작게 만든다. 잘못된 탑의 위치와 다운스윙의 예도 마찬가지로 관성의 발생을 줄인다. 관성이 많이 발생하는 구간은 탑에서 코킹이 풀리기 시작하는 구간이다. 이 관성은 헤드 스피드를 높이게 되지만 잘 활용하지 못하면 무용지물이 된다. 관성을 잘 활용하기 위해서는 코킹이 풀린 이후에도 축의 회전을 계속하여 헤드의 속도를 더욱 가속시켜 주어야 한다. 팔로 치게 되면 축의 회전이 원활하지 못하고 회전이 부족하게 되어 헤드의 속도를 줄이게 되는 결과를 가져오게 되고 따라서 비거리가 줄게 된다. 입문자들은 공을 치기 전에 관성을 발생시키고 활용할 수 있는 스윙 방법을 충분히 익힌 후에 공을 칠 것을 강력히 추천한다.

관성을 많이 발생시키기 위해서는 탑에서 코킹이 풀리는 시점까지 손등이 정면을 향하게 유지하며 끌어내려야 하고 코킹이 늦게 풀어지게 해야 한다. 이 관성은 끌려내려 오던 헤드가 공을 향해 가게 하는 중요한 역할도 한다.

뒷 땅을 치는(Duff) 이유

골프 스윙에서 뒷 땅을 치는 이유는 여러 가지가 있지만 그 중 가장 큰 원인은 어깨의 회전 부족이라 할 수 있다. 또 어깨 회전이 부족하게 되는 원인 중 첫째는 팔로 칠 때이다. 스윙 플레인이 적정보다 업라이트했을 때도 뒷 땅을 치게 된다. 수직 분력이 커지기 때문이다. 회전을 충분히 하려면 엉덩이 회전에 의한 어깨 회전을 하면 된다.

스윙 플레인은 약간 플랫한 쪽으로 수정하면 되지만 입문 시절에는 이보다 오히려 백스윙하면서 업라이트한 쪽으로 궤도가 바뀌는 경우가 많은 것을 볼 수 있다. 이것을 고치기 위해서는 자신은 어떻게 하고 있는지 모르기 때문에 옆에서 보아주는 게 필요하다. 아래 그림은 정상 회전 때와 회전이 부족하여 코킹이 빨리 풀어지며 땅을 치게 되는 현상을 그린 것이다.

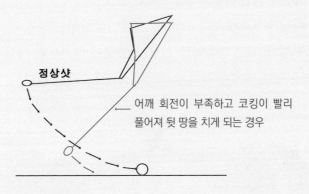

정상샷

어깨 회전이 부족하고 코킹이 빨리 풀어져 뒷 땅을 치게 되는 경우

(3) 연습

앞에서 설명한 자세 익히기와 스윙 동작 익히기를 맨손으로 충분히 연습한 후에 채를 들고 가볍게 스윙 연습을 충분히 하고 그 후에 공을 치는 것을 추천한다. 처음으로 공을 칠 때에 채는 7번이나 8번 정도의 아이언을 사용할 것을 추천한다.

어깨를 회전하여 백스윙을 반 정도 하여 엉덩이 회전을 선행 리드하며 다운, 임팩트, 릴리스까지를 잘 만들어 보고 어느 정도 자신이 붙으면 점차 백스윙 폭을 늘려가며 풀스윙까지 연습한다.

① 엉덩이 회전에 의한 다운스윙을 익히는 연습

연습하는 사람과 보조해 주는 사람, 두 사람이 연습하는 방법. 사진과 같이 한 사람이 채를 가볍게 잡아 주고 연습하는 사람이 엉덩이 회전부터 시작, 어깨 회전을 하며 다운하게 하는 방법. 코킹을 늦게 풀어지게 하는데 도움이 된다.

처음 연습하는 분들께

① 어깨 회전의 축을 고정하는 감각을 반드시 사전에 익힐 것. 어드레스에서 테이크어웨이, 백스윙, 탑, 다운, 임팩트, 릴리스까지의 구간.(흔히 머리의 고정이라고도 함)

② 백스윙은 어깨 회전에 의해서 하고 왼팔이 수평으로 되는 정도로 해서(하프 스윙) 시작할 것을 권장. 이 때 엉덩이 회전은 최소화 한다.(하체를 잡아라) 그리고 손은 팔 평면 상에서 이동하게 해야 한다.

③ 임팩트 순간에는 반드시 왼팔을 곧게 펼 것. 이때 꼭 지켜야 할 사항은 코킹이 풀리기 시작할 때까지 손은 탑 위치 때의 방향을 유지해야 한다는 것이다(왼손등이 앞쪽으로 향하게). 손목을 공 쪽으로 회전해서는 안 된다.

④ 오른팔은 옆구리에 붙이기만 하고 힘을 가하지 말고 회전에 따라가기만 할 것.

⑤ 다운스윙은 엉덩이 회전부터 시작하여 피니시까지 회전을 멈추지 말 것.

⑥ 상기 연습이 잘 되면 다운스윙할 때 채를 부리려는 연습을 해야 한다. 방법은 스윙편 제일 마지막쪽에 설명하고 있다.

② 관성, 원심력, 구심력이 잘 작용해야 하는 구간

골프 스윙에서 관성이 많이 작용하는 매우 중요한 구간이다.

③ 드라이브보다 아이언이 치기 쉽다고 느끼는 이유

드라이버에 비해 아이언이 샤프트가 짧고 스윙 플레인이 업라이트하기 때문이다. (수직에 더 가깝기 때문) 원심력의 수평 분력(앞쪽으로 나아가려는 힘)이 드라이버보다 작고 수직 분력(땅 쪽을 향하는 힘)이 커서 이 수직 분력이 팔이 펴지는 쪽으로 작용하기 때문에 팔이 펴진 상태로 임팩트하기 쉽기 때문이다(왼쪽 어깨와 오른쪽 어깨가 치환되게 회전).

※앞에서 설명한대로 연습하고 바른 스윙을 하면 어렵게 느끼지 않는다. 다운스윙할 때 중요한 것은 채를 뿌리는 동작이다.

우드와 아이언의 스윙 플레인

④ 다운스윙과 몸 동작, 임팩트 전후의 궤도

스퀘어 스탠스로 다운스윙을 해도 축(몸)의 회전과 회전 속도, 몸이 일어서는 시점 등에 따라 임팩트 전후의 궤도는 달라진다.

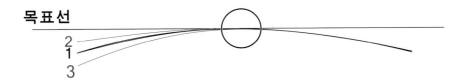

목표선

1. 대칭적 인-인 스윙 궤도
2와 3은 비대칭 인-인 궤도

몸 동작에 따른 스윙 궤도 변화

궤도 1: 몸의 회전 정도와 타이밍을 잘 맞춘 정상 궤도로 공은 목표선을 따라 직진한다.

궤도 2: 몸의 회전이 부족하거나 회전 타이밍이 늦은 경우 또는 회전의 방향이 잘못된 경우 또는 앞으로 민 경우로 대부분 푸시나 슬라이스가 된다.

궤도 3: 몸의 회전이 너무 일찍 이루어졌거나 팔을 왼쪽으로 당긴 경우로 훅이나 풀이 된다.

다운스윙할 때 수평 분력이 미치는 영향

드라이버나 우드 등은 쇼트 아이언보다 스윙 플레인이 플랫하므로 수직 분력보다 수평 분력이 크게 발생하기 때문에 왼팔을 곧게 펴는데 더 많은 힘이 필요하게 된다. 이 때문에 골프 입문자들은 자신도 모르게 왼팔이 덜 펴진 상태로 임팩트하게 되고 이는 여러 가지 문제를 야기하게 되어 이렇게도 해 보고 저렇게도 해보며 헤매게 된다. 이를 극복하기 위해서는

① 스윙 시 왼팔을 곧게 펴서 유지할 것.(왼팔을 펴는데 의도적으로 힘을 많이 가하고 유지해야 한다.)

② 다운스윙의 시작은 엉덩이 회전부터 시작, 동시에 체중 이동도 하며 어깨 회전이 되게 할 것.

③ 오른팔을 옆구리에 붙일 것.(엉덩이 회전부터 다운스윙을 시작하면 자연스레 옆구리에 붙는다.) 롱 아이언이 어려운 이유도 같으며 극복 방법도 같다.

④ 하프 스윙 구간에는 팔의 윗부분을 몸통에 밀착시켜 회전하도록 할 것.

⑤ 다운스윙 시 왼쪽 어깨 위치에 오른쪽 어깨가 치환되게 어깨 회전을 할 것. 이때 어깨 회전 중심은 반드시 유지되어야 한다.

⑤ 드라이버가 잘 맞는 날, 아이언이 잘 맞는 날

드라이버의 스윙 플레인에 가까운 날은 아이언은 잘 안 맞고 아이언의 스윙 플레인에 가까운 날은 드라이버가 잘 안 맞게 된다. 입문 시절에는 자신이 어떻게 하고 있는지를 모르기 때문에 잘 아는 사람이 보아 주는 것이 필요하다. 동영상을 촬영해 보는 것도 도움이 된다. 드라이버와 아이언의 어드레스 자세와 스윙이 다름을 분명히 알고 다르게 할 수 있어야 한다. 흔히 아이언 자세나 드라이버 자세를 비슷하게 하는 경향이 있다. 교정해야 할 사항이다.

⑥ Basic Swing

1. 백스윙은 어깨 회전 90°
2. 다운스윙은 어깨 치환 회전

스윙 탑일 때 왼쪽 어깨 위치에 오른쪽 어깨를 회전 이동하여 위치하게 치환, 어깨 회전 중심은 유지해야 한다. 즉 스윙의 기본이 되는 방법이라 할 수 있다. 이렇게 기본 연습을 하여 채마다의 궤도를 일정하게 안정시키고 궤도의 최저점도 일정해지도록 연습해야 한다. 위와 같은 방법으로 스윙하면 왼팔 리드와 채를 던지는 동작이 쉽게 된다. 또 긴 채의 스윙도 문제가 없게 된다.

스윙은 머리와 몸으로 익혀야 한다

골프는 몸으로 익혀야 한다는 말을 가끔 듣는다. 하지만 몸으로만 익히면 몸이 잊어버렸을 때 복원할 수가 없게 된다. 이 책은 머리로 익힐 수 있는 관련 이론도 제시하고 있다.

어깨 회전이 잘 되게 하려면

골프 스윙은 어깨 회전에 의해 하라는 말을 자주 듣는다. 어깨 회전을 잘 하려면 엉덩이 회전과 레그 액션, 체중 이동이 필요하다. 백스윙할 때의 레그 액션은 왼 다리를 굽히며 무릎이 안쪽으로 휘어지게 하며 약간의 엉덩이 회전으로 어깨 회전이 되게 하고, 다운스윙을 할 때는 엉덩이 회전부터 시작하여 그와 동시에 체중 이동을 하며 왼 다리를 펴며 계속 엉덩이 회전이 어깨 회전을 리드해 가면 된다. 다운스윙은 엉덩이 회전이 리드해야 한다.

팔 붙이기

흔히 다운스윙할 때 오른팔을 옆구리에 붙이라고 한다. 틀린 말은 아니라고 생각하지만, 필자는 하프 스윙을 하든 풀스윙을 하든 하프 스윙 구간에서는 양팔의 윗부분을 모두 몸통에 밀착시켜서 스윙을 할 것을 권한다. 특히 입문자들에게는 꼭 그렇게 했으면 한다. 그렇게 해야 스윙의 본질인 추 운동을 익힐 수 있기 때문이다. 추 운동을 잘 익히면 롱아이언을 치는데도 어려움이 없고 임팩트가 안정되며 방향성도 안정이 된다. 팔 붙이기는 다운스윙 중에 발생하는 원심력에 대응하는 구심력을 만들어 주기 때문이다. 구심력을 만들어 주지 않으면 스윙 중에 발생하는 원심력 때문에 임팩트 포인트가 안정이 안 되고 따라서 공의 방향과 구질도 제멋대로 된다.

※하프 스윙보다 더 크게 스윙할 때에는 헤드 궤도가 휘거나 꺾이는 일이 없도록 하기 위해서 팔이 몸통에서 떨어지게 된다. 그러나 다운할 때 하프 스윙 지점에서부터는 양팔의 윗부분이 몸통에 밀착되어 회전하도록 하는 것이 좋다.
※다운스윙할 때 오른팔을 옆구리에 붙이는 것은 올바른 스윙에 의해 자연스레 이루어진다.

추 운동이 잘 되게 하려면

골프 스윙은 헤드가 추 운동이 잘 되게 해야 한다. 추 운동이 잘 되게 하기 위해서는 양팔의 윗부분을 몸(옆구리)에 밀착시키고 머리를 고정하고 어깨 회전에 의한 스윙을 하면 헤드는 추 운동을 잘 하게 된다. 긴 채일수록 팔이 몸으로부터 떨어지기 쉽기 때문에 팔 붙이기는 해야 한다. 이렇게 스윙하면 롱아이언을 치는 것도 어렵지 않다.

추 운동이 어려운 이유

물리 시간에 배운 추 운동은 운동의 중심점에서 수직으로 매달린 추가 좌우로 흔들리는 현상이다. 마치 시계추가 좌우로 흔들리는 것과 같다. 그러나 골프채 스윙에서 헤드의 추 운동은 이것과는 조건이 다르다. 수직이 아닌 기울어진 추 운동이고 채와 팔도 적절한 각도를 가지고 기울기가 다르게 연결이 되어 있고 연결 부위에는 손목이라는 관절이 있다. 이 관절은 스윙 과정에서 180° 이상을 회전하게 된다. 또 스윙 중에 발생하는 원심력은 스윙 궤도를 변경시키는 힘으로 작용한다. 궤도 안정을 위해서 의도적으로 구심력을 만들어 주어야 한다. 골프 스윙에서의 구심력은 팔을 몸통에 붙임으로써 형성이 된다.

양팔을 몸에 밀착시켜 스윙하면

1. 추 운동이 잘 된다.
2. 임팩트가 안정된다.
3. 롱 아이언 치기가 쉽다.
4. 퍼터를 포함 모든 채에 적용되는 사항이다.
5. 나이가 들수록 더욱 필요하다.
6. 팔로 치는 것을 방지할 수 있다.

양팔을 밀착하는 범위는 대략 하프 스윙 정도까지이며 그 이상 스윙을 크게 할 때는 헤드 궤도를 유지하기 위해서 팔이 몸에서 떨어져야 하지만, 다운스윙하면서 양 팔이 내려오며 밀착되도록 해야 한다. 팔로우스루 구간 후반에는 양팔이 떨어지면서 피니시하게 된다.

스윙할 때 회전축

스윙할 때의 회전축은 머리에서 목, 등뼈, 엉덩이까지로 형성되며 이 축은 어드레스, 백스윙 탑, 임팩트, 릴리스까지는 회전만 하고 큰 흔들림이 없이 유지되게 해야 한다. 릴리스 이후는 상체가 일어서며 목표 방향을 바라보게 되므로 목표 방향으로 이동하게 된다.

어깨 치환 회전이란

다운스윙할 때 스윙 탑에서의 왼쪽 어깨 위치에 오른쪽 어깨를 위치시키는 회전 이동을 말 한다(이 책에서). 백스윙할 때 어깨를 90° 정도 회전하게 된다(스윙 탑). 다운스윙할 때는 팔로우스루까지 180° 정도 회전하여 오른쪽 어깨를 왼쪽 어깨가 있던 위치로 바꾸어 놓게 된다. 이것을 어깨 치환 회전이라고 하기로 한다. 즉 왼쪽 어깨 위치와 오른쪽 어깨의 위치를 바꾸어 놓는다는 의미이다.

어떻게 스윙할 것인가?
어깨 치환 회전을 최대로 활용할 것을 권한다.

백스윙: 축을 유지하면서 어깨를 90° 정도 회전하면서 채를 들어올린다. 엉덩이 회전은 되도록
억제한다.

다운스윙: 탑 위치에서 왼쪽 어깨 끝은 정면을 향하게 된다. 백스윙할 때와 반대로 어깨를
회전하여 오른쪽 어깨를 왼쪽 어깨가 있던 자리로 회전 이동한다. 이렇게 하면
헤드의 추 운동이 잘 되고 공 전후의 헤드 궤도가 대칭이 되며 채를 던지는 동작도
잘 되며 왼팔 리드가 쉽게 이루어지고 긴 채를 치기도 쉬워진다. 다운스윙에서
오른쪽 어깨가 왼쪽 어깨 자리로 치환 되는 구간은 탑에서 임팩트와 릴리스를
지나서 이루어진다. 그리고 다운스윙할 때 양다리를 약간 굽혔다 펴는 반동을
이용하면 비거리가 늘어난다.

롱 아이언 치기 연습
팔과 몸통이 한 몸으로 움직이도록 양팔의 윗부분을 몸에 밀착시키고 어깨 회전에 의한
스윙이 되도록 회전의 크기를 늘여가며 즉 스윙폭을 증가시켜가며 연습을 하여 감각을 익힌
후에 공을 치면서 연습한다.
눈은 공을 보며 어깨 회전을 하면 헤드는 추 운동을 하게 된다. 3번 아이언이나 4번 아이언으로
연습하면 된다.

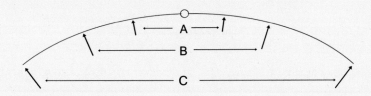

A 범위: 퍼팅할 때처럼 손목 고정하고 어깨 회전으로만 스윙
B 범위: 어깨 회전 폭을 넓히며 손목 사용
C 범위: 어깨 회전 폭을 점점 넓혀가며 연습한 후 하프 스윙, 풀 스윙으로 넓혀 연습하면 좋다.
※ A 나 B 범위는 적절한 채(7번 또는 8번 채)를 사용하여 칩 샷을 할 수도 있다.

⑦ 헤드의 추 운동 스윙을 익히는 방법

 양팔의 윗부분을 몸에 밀착시키고 어깨 회전을 하며 채를 흔들면 헤드가 추 운동을 하게 된다. 처음은 폭을 좁게 해서 시작, 점점 스윙 폭을 넓혀가며 연습한다.

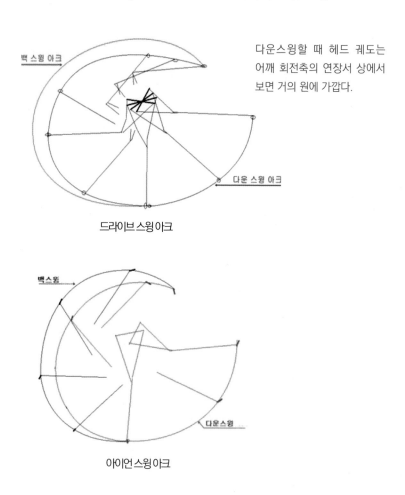

백 스윙 아크

다운스윙할 때 헤드 궤도는 어깨 회전축의 연장서 상에서 보면 거의 원에 가깝다.

다운 스윙 아크

드라이브 스윙 아크

백스윙

다운스윙

아이언 스윙 아크

 위 그림은 매우 교과서적인 스윙을 하는 유명 프로 선수들의 스윙을 캡쳐하여 그린 것으로 임팩트 전후 헤드가 진자 운동을 잘 하고 있는 것을 볼 수 있다. 임팩트 순간의 샤프트 길이가 짧게 보이는 것은 채가 기울어져 있기 때문이다. 그리고 위 그림의 스윙 플레인(헤드 궤적이 만드는 평면)도 기울어져 있다는 사실도 감안해서 보기를 바란다.

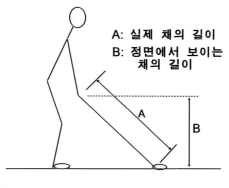

A: 실제 채의 길이
B: 정면에서 보이는
　　채의 길이

어드레스 자세와 스윙 플레인

　아이언 7번 채를 들고 어드레스 자세를 취한 다음 헤드가 땅에 닿지 않도록 무릎과 허리를 약간 펴고(헤드와 땅 간의 거리가 3~5cm 정도가 되도록) 손목에 힘을 빼고 어깨 회전에 의해 채를 좌우로 흔들어 보라(추 운동 연습 그림 참조). 이어서 스윙 폭을 점점 크게 해 보라. 그리고 코킹을 더해 보라. 백스윙 방향에서는 왼팔을 곧게 뻗어야 하고 어깨 회전의 중심은 유지되어야 한다. 헤드의 궤도는 최저점을 중심으로 대칭이 될 것이다. 여기서 우리가 알 수 있는 것은 탑의 위치가 헤드 궤도의 연장선에 있어야 한다는 것과 손목에 힘을 빼야 원활하게 움직일 수 있다는 것, 다리의 움직임이 어떠해야 어깨 회전이 원활해지는지 등이다. 이것이 헤드가 진자 운동을 하도록 스윙하는 기초적인 연습이다. 엉덩이를 좌우로 흔드는 것은 절대 하면 안 된다.

⑧ 공을 치기 전 연습

　헤드가 땅에 닿지 않는 자세로 앞의 연습 때의 궤도를 따라 백스윙한 다음 다운스윙은 엉덩이를 회전하는 것을 시작으로 어깨 회전이 따라오도록 하며 양팔로 힘을 가해 버텨 주어 코킹이 풀리는 위치로 내려지도록 한다. 이때 채를 끌어내리는 방향은 수평이 되며 목표선과 평행이 되는 방향이며 공의 방향으로 회전하는 힘을 가해서는 안 된다. 즉 코킹이 풀리기 시작하는 시점까지 왼손등은 전면을 향하고 있어야 한다. 손은 어드레스 때의 위치로 팔을 뻗으며 힘차게 뿌려야 한다. 그러면 헤드는 관성과 원심력, 구심력의 작용과 계속적인 어깨 회전에 의해 공의 방향으로 회전하게 된다. 이렇게 스윙하면 헤드의 강한 원심력을 충격으로 느끼게 된다. 이렇게 할 때 엉덩이 회전과 채를 끌어내리는 데 있는 힘을 다 가해도 좋다. 엉덩이 회전은 피니시까지 계속해야 한다. 탑의 위치가 부적합하면 힘을 쓸 수가 없게 된다. 힘을 쓰면 궤도를 벗어나 공이 안 맞기 때문이다. 힘을 빼라는 말이 생기는 이유이다. 다르게 표현하면 중간에 공이 맞는 궤도로 수정을 해야 하기 때문이다(보상 동작).

⑨ 실제로 공 치기

위에서 설명한 대로 스윙하면 되고, 공을 맞출 수 있게 다리는 원위치로 하고 허리를 굽히는 정도와 공과의 거리를 조절하면 된다. 이때 주의해야 할 사항은 헤드가 땅을 치지 않게 조정해야 한다는 것이다. 땅을 강하게 치면 몸에 손상이 갈 수 있기 때문이다. 손을 뿌리는 위치도 공이 잘 맞으며 땅을 심하게 치지 않게 조정해야 한다.

⑩ 드라이버 훅과 슬라이스의 한 원인

드라이버 샷의 경우 공이 토 혹은 힐의 끝 부분에 맞았을 때 심하게 휘는 훅이나 슬라이스가 발생한다. 이런 현상은 어드레스 때 몸과 손 간의 거리가 정상보다 멀거나 가깝기 때문에 생긴다. 또 옆구리에 팔 붙이기가 잘 안되었을 때도 발생한다.

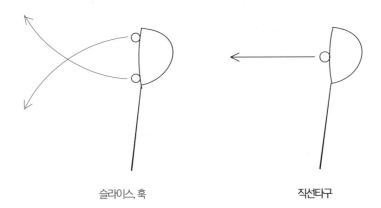

슬라이스, 훅   직선타구

벌지(Bulge)

드라이버의 페이스가 불룩한 것을 말하며 이것은 공이 약간 토우 혹은 힐 쪽에 맞았을 때 공이 휘어 목표를 벗어나는 것을 반대로 휘어 목표 쪽으로 들어오게 하기 위해서 불룩하게 만든 것이다. 그러나 때로는 스윙과 임팩트 상태에 따라 매우 심하게 휘어 목표를 벗어나게 하기도 한다.

골프채의 헤드 궤도

골프채마다 공이 올바르게 맞는 헤드 궤도가 정해져 있다. 따라서 이 궤도가 되도록 스윙해야 한다. 다운스윙할 때에 만들어지는 이 궤도는 스윙하는 사람이 최대의 힘을 가해서 만들어지는 구간이고 이로 인해 생성되는 관성과 원심력, 구심력과 함께 작용하는 구간이 있다. 이 구간은 임팩트 전후 구간이다. 이 구간에는 골퍼의 몸은 계속 회전하고 관성과 원심력, 구심력에 의해 헤드가 공 쪽으로 향해 가게 되는 구간이다. 따라서 이 구간은 골퍼의 의지에 의하여 되는 구간이 아니다. 다운스윙할 때 이 구간의 궤도 형성에 영향을 미치는 요소는 꽤 많다. 이 구간이 골프 입문자들을 어렵게 만드는 주요인이다. 또 이 구간을 바르게 이해하고 깨달아(터득) 실행할 수 없으면 골프는 평생 헤매다가 끝날 수 있다. 공은 솔(Sole)이 수평인 상태로 맞아야 된다. 공이 잘 맞는 궤도는 라이 각에 따라 정해져 있다. 채마다 라이 각이 다르므로 이 궤도도 다르다. 그러나 우드 세트와 아이언 세트는 각각 번호에 따라 라이 각이 다르고 궤도가 다르지만 골퍼의 어드레스 자세와 스윙은 우드일 때 번호에 관계없이 같고 아이언일 때도 어드레스 자세와 스윙은 같다. 다만 어드레스 때 발의 간격만 다르게 한다. 그래도 헤드가 공 쪽으로 가서 맞게 되어 있다. 원심력의 수평 분력과 수직 분력을 채마다 다르게 되도록 만들어져 있기 때문이다. 때문에 우드는 동일 메이커의 세트를, 아이언도 같은 메이커의 세트를 사용해야 한다. 섞어 사용하는 것은 바람직하지 않다.

요약하면 어드레스 자세는 라이 각을 기준으로 발의 간격을 채에 맞게 하고 무릎을 자유롭게 힘을 빼고 손이 라이 각대로 세운 채의 손잡이에 오도록 허리를 굽히면 된다. 이렇게 하면 어드레스 자세는 우드 때 자세와 아이언 때의 자세 두 가지로 대별된다. 다운스윙할 때의 손의 궤도 역시 우드일 때 궤도, 아이언일 때 궤도 두 가지가 된다. 구심력은 원심력에 대항하는 힘이 되어 원심력에 의해 헤드의 궤도가 바깥쪽으로 벗어나는 것을 막아주며 다운스윙할 때 팔의 윗부분을 옆구리에 붙임으로써 생성된다. 따라서 팔을 옆구리에 붙이는 것은 매우 중요하다. 아이언 세트는 번호에 관계없이 같고 우드 세트도 번호에 관계없이 같다.

골프채마다 공을 바르게 잘 맞히는 고유의 헤드 궤도를 가지고 있다. 그러나 손의 궤도는 대별하면 우드 궤도와 아이언 궤도 두 가지이다.

⑷ 골프에 적용 되는 물리 이론

골프채는 임팩트 전후의 움직임을 원운동으로 보면

원운동하는 물체가 갖는 에너지=$1/2 \times$ 질량 $\times$ (반지름)$^2 \times$ (각속도)^2

 식에서 반지름과 각속도는 제곱한 값이 곱해지고 있다. 따라서 제곱되는 항목을 크게 하는 것이 매우 큰 영향을 미치는 것을 알 수 있다. 긴 채일수록 비거리가 길어지고 회전 속도를 크게 하는 것이 비거리에 유리함을 쉽게 알 수 있다. 또 충격량은 공과 헤드가 접촉하는 시간이 길수록 커지므로 임팩트 후에도 회전을 계속하는 것이 비거리를 길게 해 준다. 질량이 크면 비거리가 길어지지만 속도를 내려면 큰 힘이 필요하게 된다. 채의 길이가 길면 비거리는 길어지지만 속도를 높이려면 큰 힘이 필요하게 된다. 따라서 골프채는 반드시 자신에게 맞는 채를 사용하는 것이 유리하다.

스퀘어 임팩트에 대하여
골프 스윙에서 이상적인 스퀘어 임팩트는 확률이 매우 낮다. 스퀘어 임팩트는 하나의 이상적인 목표일 뿐이다.

스퀘어 임팩트에 대하여
다운스윙에서 팔을 이용해서 힘 보태기는 엉덩이 회전과 어깨 회전을 충분히 하는(백스윙 90˚이상 다운스윙 180˚이상) 스윙의 기본을 충분히 익힌 후에 연습하기 바란다. 그렇지 않으면 스윙을 망칠 수 있다. 다운스윙을 하면서 양팔로 채를 힘껏 끌어내려 헤드를 던지면 헤드 속도가 높아지고 비거리가 늘어나게 된다. 이때 백스윙할 때부터 양팔은 되도록 가깝게 하는 것이 좋다. 그리고 충분한 어깨 회전이 필요하고 어깨 회전이 팔의 회전보다 앞서게 해야 한다. 어깨 회전이 부족하고 팔의 회전이 앞서면 팔로 치는 것이 된다.

① 임팩트 때 힘의 전달 비율이 최대가 되는 조건

회전축의 어깨 부분과 스윙 플레인이 이루는 각 A가 90°일 때에 힘의 전달이 이론상 100%이나 실제로는 90°가 되도록 채가 만들어져 있지 않고, 드라이버일 때 가장 90°에 가깝게 형성되며 채가 짧아질수록 이 각은 작게 되어 힘의 전달 비율이 작아져 비거리가 짧아지게 된다.

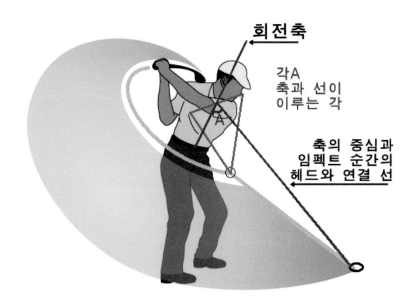

힘의 전달

② 관성을 많이 발생시킬 수 있는 채, 어드레스 자세, 스윙(본문 참조)
· 어드레스 자세에서 팔과 채가 일직선이 되지 않을 것.
· 다운스윙을 할 때에 탑에서 코킹이 풀리는 시점까지 채와 팔이 같은 평면에서 움직이게 할 것
· 다운스윙할 때 코킹을 늦게까지 유지할 것.

골프 스윙의 요점
골프 스윙은, 백스윙은 어깨 회전으로 다운스윙은 엉덩이 회전부터 시작하여 엉덩이 회전이 스윙을 리드하는 어깨 회전에 의해 이루어지도록 하는 것이 좋다. 그리고 하프 스윙 구간은 양팔의 윗부분이 몸통에 밀착 되도록 하는 것이 임팩트가 안정되고 헤드의 추 운동이 잘 이루어진다.

1) 백스윙
① 테이크어웨이(테이크 백)
어드레스 자세에서 어깨를 시계 방향으로 회전시키며 손과 채는 90° 회전하고 손은 이동하여 채가 수평이 되어 목표선과 나란히 될 때까지이다. 이 지점부터 채와 손, 왼팔은 팔 평면상에 있게 된다.
② 테이크어웨이 이후부터 탑까지 연속하여 어깨를 더 회전시키며 손과 왼팔, 채는 팔 평면상에서 회전 이동을 하게 하면 된다. 탑의 위치는 채가 수평이고 목표선과 나란하게 되는 위치까지 이다. 탑 위치에서 어깨는 약 90° 정도, 엉덩이는 약간 회전하게 된다. 백스윙할 때에 머리와 엉덩이는 흔들리지 않게 하는 것이 필요하다.

2) 다운스윙
엉덩이를 반시계 방향으로 회전부터 시작하여 스윙을 리드해간다. 엉덩이 회전에 가할 수 있는 한 최대의 힘을 가한다. 엉덩이 회전은 피니시까지 계속한다. 팔은 내려 오다가 양팔은 옆구리에 붙여서 계속 진행한다. 임팩트는 반드시 왼팔이 곧게 펴진 상태로 이루어져야 한다. 다운스윙할 때 어깨 회전은 90° 회전한 탑에서의 어깨위치를 180° 회전하여 좌우 어깨의 위치를 바꾸어 놓는 형태가 되도록 하면 좋다. 릴리스 이후 더 회전하여 상체는 일어서면서 눈은 목표 쪽을 향하는 자세를 취하면 좋다.

※ 나이 드신 분들에게: 탑에서 무리하게 왼팔을 너무 곧게 펴지 않아도 되고 채를 뿌려 임팩트 순간만 곧게 펴지게 하면 된다. 다운스윙 시 원심력이 크게 발생하도록 스윙하면 이에 의해 왼팔은 곧게 펴질 수 있게 된다.
※ 원심력 발생을 크게 하려면 위의 요령대로 하면서 백스윙 시 어깨 회전을 좀 더 하면 된다.

쉘로우 스윙(Shallow Swing)
쉘로우는 '얕게 하다.'라는 뜻이다. 다운스윙을 시작하면서 몸을 약간 낮추고 다운스윙을 시작하는것이다. 비거리가 늘어난다.

(5) 아이언 다운 샷의 요령 한 가지

아이언 샷이 정확한 사람들이 사용하는 다운스윙 요령을 한 가지 소개한다. 자신에게 맞는다면 잘 익혀서 사용해 봄 직하다.

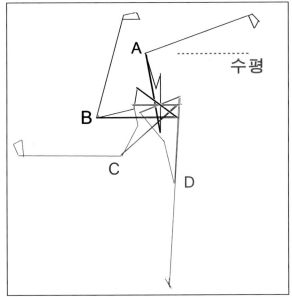

A: 스윙 탑
B: 왼팔이 수평이 되는 위치
C: 코킹이 풀리기 시작하는 시점
D: 임팩트

아이언 다운 샷을 할 때에 무언가를 끌어오고 내리누르는 기분으로, 즉 어깨 회전에 의해 곧게 뻗은 왼팔이 A에서 B까지 끌어오고 B에서 C 구간으로 내리누르는 것이다.

스윙 탑(A)은 인체 구조상 수평 위치까지 가는 것은 대부분의 사람들에게 무리이고, 아이언의 경우 무리해서 그렇게까지 할 필요가 없다. 자칫하면 스윙 플레인을 벗어날 수 있기 때문이다.

A-B구간은 곧게 뻗은 왼팔이 어깨 회전에 의해 채가 끌려 내려오는 구간이고 B-C구간은 어깨 회전에 의해 왼팔이 내리누르는 구간이며 내리누르는 힘을 느낄 때 코킹은 자연스럽게 유지된다. C는 코킹이 풀리기 시작하는 위치이다.

이런 다운스윙을 하려면

1. 왼팔을 곧게 뻗어 유지해야 한다. (왼팔이 휘면 끌어오고 내리누르는 힘을 느끼지 못하게 된다.)

2. 어깨 회전 중심을 유지해야 한다. (어깨 회전 중심이 움직일 경우 실패하며 내리누르는 힘을 느낄 수 없게 된다. 회전 중심의 유지는 탑에서 릴리스까지)

3. B-C구간에서 뭔가를 내리누르는데 오른팔도 힘을 보탤 수 있다.

4. 코킹이 풀리지 않게 어깨 회전 속도를 높일 것. 이는 엉덩이 회전에 힘을 가함으로써 가능해진다.

5. 채의 무게는 관성이 크도록 약간 무거운 쪽이 좋다. 가벼운 경우는 내리누르는 힘이 느껴지지 않을 수 있고, 따라서 코킹이 쉽게 풀어질 수 있다.

6. 다운스윙 전 구간 손목은 힘을 빼어 자유롭게 해야 하고 손목의 힘으로 채를 컨트롤하거나 힘을 가해서는 절대 안 된다.

7. 왼팔은 회전체(어깨)에 붙어 있는 곧은 막대기로 간주하고 회전체(어깨)의 회전에 의하여 막대기 끝(왼팔의 끝 즉 손의 쪽)이 무언가를 내리누르게 해야 한다. 그렇게 코킹을 유지시키며 채가 끌려 내려오게 해야 한다.

8. A-B-C 구간은 채와 왼팔은 동일한 평면에서 움직여야 하고 C 점에서 코킹이 풀리기 시작한 후 헤드는 관성과 원심력, 구심력의 작용에 의해 공 쪽으로 더욱 가속, 회전해 간다. 그러나 손은 계속 A-B-C 의 연장선을 따라 움직여 가야 한다.

어깨 회전을 잘하려면
백스윙은 어깨회전, 다운스윙은 엉덩이 회전부터 시작하여 스윙을 리드하게 하면 축의 회전이 원활히 이루어지고 따라서 어깨 회전도 잘된다.

퍼팅

퍼팅은 그린에서 공을 가볍게 굴려서 홀컵으로 넣는 동작이다. 이때 사용하는 채가 퍼터이며 블레이드형과 말렛형으로 대별된다. 발의 간격은 쇼트 아이언과 같은 정도로 스퀘어 스탠스를 추천한다. 어드레스 자세에서 팔의 윗부분은 몸에 가볍게 밀착시키고 어깨 회전에 의해 헤드가 시계추처럼 움직이게 한다. 거리는 스트로크의 크기로 조절하며 헤드 무게에 의한 복원력을 이용하고 단거리(퍼터 헤드 무게에 따라 차이가 있으나 평지에서 대략 5~6m 정도)에서는 별도의 힘을 가하지 않는다. 주의할 것은 손목과 팔은 고정시키고 어깨 회전의 속도로 조절해야 한다는 점이다. 단거리는 헤드 무게로 인한 복원력 속도에 맞추고 긴 거리나 오르막일 때는 어깨 회전 속도를 빠르게 상태에 따라 조절한다. 그리고 회전을 유연하게 하기 위해서 다리의 움직임이 필요하다. 공의 방향이 잘못되었다고 해서 손목이나 팔을 사용하여 방향을 조정해서는 안 된다. 반드시 스탠스를 변경하여 방향을 조정해야 한다. 퍼팅 스트로크의 폼도 일정해야 한다. 물론 머리의 고정은 필수 사항이다.

1) 블레이드형 퍼터

허리를 덜 굽힌 자세의 사람에게 적당하며 헤드는 부채꼴 궤도를 그리게 된다. 블레이드형 퍼터의 무게중심을 받치면 헤드면이 기울어진다. 기울어진 정도는 여러 가지이고 많이 기울어지는 쪽이 퍼팅 궤도가 많이 휘는 사람에게 적합하다. (퍼터의 선택항 참조)

정면

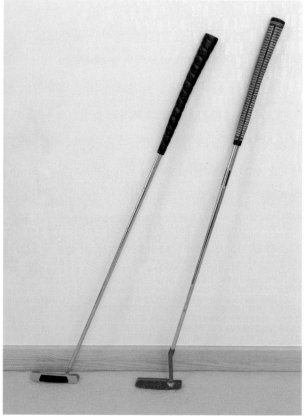

옆면

2) 말렛형 퍼터

허리를 많이 굽힌 자세의 사람에게 적합하며 헤드는 직선에 가까운 궤도를 그린다.

정면

옆면

말렛형 퍼터의 중심을 받치면 헤드 페이스가 약간 기울어진다. 이는 퍼팅 궤도가 직선인 사람에게 적합하다. (퍼터의 선택항 침조)

요즘은 블레이드형 퍼터도 허리를 많이 굽힌 자세로 스트로크하도록 만들어진 것도 있다.

3) 퍼팅 궤도

정상적인 퍼팅 궤도   잘못된 퍼팅 궤도

　퍼팅할 때의 헤드 궤도는 공을 보내려는 방향선보다 앞쪽으로 가게 해서는 안 된다. 퍼터의 헤드에는 스윗 스팟이 표시되어 있다. 이것의 궤적을 헤드 궤도라고 하면 이 궤도가 공을 보내려는 방향선보다 앞으로 나아가게 해서는 안 된다. 이는 어떤 형태의 퍼터에도 적용된다.

⑥ 잘못된 자세들의 보기

(1) 잘못된 그립

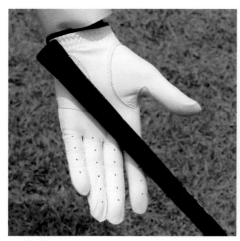

손바닥으로 쥔 그립으로
유연성이 떨어진다.

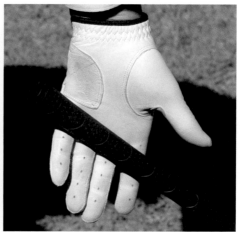

손가락으로 쥔 그립이며 꼭 쥐었다 느슨하게 쥐었다
하면 헤드가 회전한다.

(2) 잘못된 어드레스

팔과 채를 직선으로 한 자세

무릎을 너무 굽힌 자세

다리를 너무 편 자세

손이 몸쪽에 너무 가까운 자세

(3) 잘못된 테이크어웨이

채 무게의 저항 때문에 손이 앞쪽으로 이동 후 원을 그리며 백스윙하는 동작은 좋지 않다.

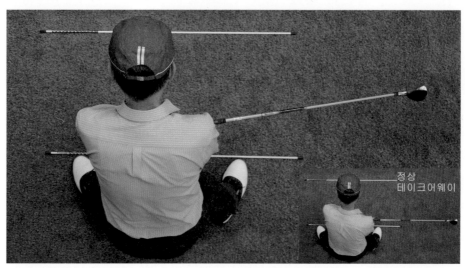

목표 라인과 나란한 선보다 헤드가 앞으로 나아간 형태로, 입문자가 흔히 하는 실수로 슬라이스의 한 원인이 된다.

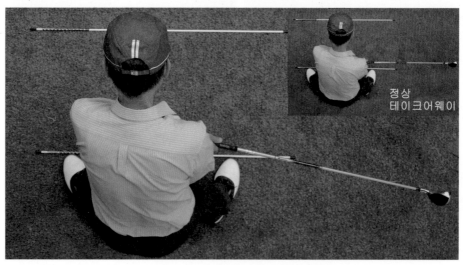

목표 라인과 나란한 선보다 헤드가 뒤쪽에 위치한 형태로 훅의 한 원인이 된다.

머리가 회전 이동하는 현상. 절대로
하면 안 되는 동작 중의 하나이다.

(4) 잘못된 스윙 탑

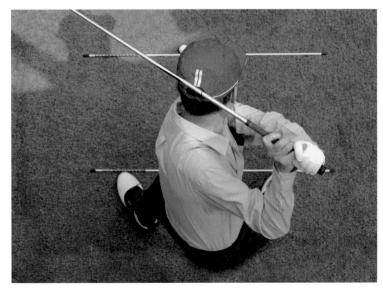

목표선과 나란한 선
보다 헤드가 앞쪽에 위
치한 형태로, 최악의 백
스윙과 탑으로 절대로
하지 않아야 한다. 다운
스윙 궤도가 제대로
형성될 수 없기 때문에
공이 빗맞게 된다.

오버 스윙으로 채가 목표 라인과 나란한 경우는 큰 문제는 없기도 하지만 가능하면 피하는 편이 좋다. 장타자들이 사용하기도 하지만 자세 유지와 힘을 가하기가 어려울 수 있어 약간 언더 쪽이 더 좋을 수도 있다.

탑에서 오른팔이 너무 들린 상태(플라잉) 다운스윙할 때 여러 가지 좋지 않은 현상을 유발시키는 원인이 된다.

(5) 좋지 않은 코킹 풀림

코킹이 일찍 풀어지기 시작하며 손의 회전이 일찍 시작되는 현상으로 비거리의 손실을 가져오게 된다.

(6) 좋지 않은 임팩트 자세

자세도 좋지 않고 왼팔이 굽은 상태로 임팩트한 경우로 공의 탄도의 일관성이 없게 된다. 온갖 문제의 온상이다.

(7) 좋지 않은 팔로우스루

채가 팔을
끌고 간다.

임팩트 후 채가 팔을 끌고 가는 형태. 팔로 쳤을 때나 임팩트 후에 어깨의 회전을 멈추었을 때 나타나는 형태로 비거리의 손해를 가져온다. 체중 이동도 거의 없고 어깨 회전도 부족하다.

(8) 팔로 쳤을 때의 피니시

팔로 쳤을 때의 피니시 직전의 모습으로 손의 위치가 매우 낮으며 스윙 아크가 작게 된다. 비거리의 손해를 보게 된다.

⑼ 팔로 친 다운스윙의 모습과 어깨 회전에 의한 다운스윙 모습

탑	코킹 풀림	임팩트	팔로우스루	팔로우스루

어깨 회전 부족	체중 이동 없음	팔만 회전 이동	채가 팔을 끌고 감	낮은 팔로우스루

팔로 친 모습(좋지 않은 스윙)

엉덩이 회전과 어깨 회전에 의한 스윙(좋은 스윙)

목표선

퍼팅궤도

잘못된 퍼팅 궤도 1

백스트로크할 때 헤드가 목표선의 앞쪽으로 이동한 형태로 입문자들이 흔히 하는 실수의 하나이다.

목표선 퍼팅궤도

잘못된 퍼팅 궤도 2

백스트로크할 때 헤드가 목표선의 뒤쪽으로 이동한 잘못의 한 형태이다. 팔을 너무 사용할 때에 발생하기 쉽다.

골프 세계에 난무하고 있는 오해의 소지가 많은 말들

말은 어떤 현상을 표현하고 있는데 이 말의 오해로 인해 전혀 엉뚱한 행동을 하고 있는 경우를 자주 본다. 예를 들면 가장 흔한 것이 "머리를 고정하라."라고 하는데 이는 "어깨 회전 중심을 고정하라."라고 해야 맞다. 스윙할 때 머리와 엉덩이를 조금도 움직이지 않을 수는 없다. "오른쪽 어깨를 턱 밑으로 집어넣어라." 이 말을 듣고 등을 굽히며 어깨를 턱 밑으로 집어넣는 경우, 이건 오해의 결과이다. "축의 회전을 더 해라."라고 했어야 할 일이다. 또 다른 예는 퍼팅할 때 망치질 하듯 공을 톡 치는 사람을 보고 "밀어라."라고 하면 백스트록은 작게 하고 임팩트 후에 팔을 이용하여 주욱 길게 미는 경우를 본다. 이것 또한 오해에서 오는 행동이라 할 수 있다. "공의 전후에서 헤드가 추 운동을 하게 해야 한다."라고 해야 할 것이다. 골프 세계에는 이런 오해를 불러 일으키는 말들이 난무하고 있다고 할 만큼 많다. 이로 인한 엉뚱한 행동을 하게 되어 스윙을 망치는 골퍼를 가끔 본다. 바르게 이해하도록 고쳐야 할 사항이라 생각한다.

⑦ 팔 평면이란?

　어드레스 자세를 취했을 때 팔이 속한 평면을 생각할 수 있다. 이 평면을 팔 평면이라고 이름을 붙였다. 이 평면은 백스윙할 때 손의 이동을 가이드해 주는 평면이다. 즉 백스윙할 때 손은 이 평면 상에서 이동해 가면 된다. 아이언의 경우는 수직에 가깝고 드라이브의 경우는 아이언보다 더 플랫한 평면이다. 백스윙할 때 손이 이 평면을 벗어나면 손의 궤도와 헤드의 궤도는 휘어지게 되고, 따라서 다운스윙할 때 어떤 형태로든 궤도 수정을 해야 하기 때문에 다운 시작부터 큰 힘을 가할 수가 없게 된다.

8 백스윙 궤도 분석(엉덩이 회전을 적게 했을 때와 많이 했을 때)

A: 팔 평면
B: 팔 평면 아래로 약간 휘었다가
   되돌아가는 궤도
C: 처음부터 팔 평면 아래로 계속
   휘어져 가는 궤도

  위 그림은 골프 선수들의 드라이버 백스윙할 때 손이 움직이는 궤도를 분석한 것이다. A는 팔 평면을 옆에서 본 것이고 B는 손이 팔 평면 아래쪽으로 약간 벗어났다가 다시 돌아와 탑의 위치가 팔 평면 상에 위치하는 스타일이고, C는 손이 계속 팔 평면 아래쪽으로 벗어나는 형태로 탑의 위치가 팔 평면 아래로 다소 많이 벗어나 있다. B타입은 다운스윙할 때 몸통 회전의 변형 없이 회전하고 C타입은 다운스윙할 때 어깨쪽 등이 뒤로 나오면서 고개를 숙이는 등의 부적절한 행동을 하게 되고 공은 왼쪽으로 가는 경향이 있다. C 궤도의 원인은 부적절한 어드레스 자세, 특히 아이언 어드레스 자세에 가까운 자세를 취하는 것이나 엉덩이 회전을 많이 하는 것이다. 필자는 팔 평면을 따라 손이 이동해가는 방법을 추천한다. 초보자들에게 백스윙의 가이드가 되기 때문이다.

9 백스윙의 한 방법

　필자가 하고 있는 백스윙 방법을 소개한다. 이 방법은 머리를 고정하기가 쉽다. 따라서 공을 보기도 쉬워진다. 엉덩이 회전을 억제하고 손을 팔 평면 상에서 이동, 테이크어웨이를 지나 사진의 (A)의 위치(왼팔이 수평에 가깝게 오는 위치)까지 어깨 회전을 하며 팔로 들어 올린다. 사진에서 보면 이때 엉덩이는 거의 회전하지 않고 있는 것을 볼 수 있다. 연속해서 어깨 회전을 더하여 탑까지 진행하면 된다. 이 때에도 엉덩이 회전은 억제한다. 결과적으로 엉덩이 회전은 최소화된다. 테이크어웨이 이후부터 탑까지는 채와 손, 왼팔은 팔 평면 상에서 이동하게 해야 한다.

⑩ 퍼팅의 한 방법

　역시 필자의 퍼팅 방법이다. 허리를 비교적 많이 굽히고 양팔의 윗부분은 옆구리에 가볍게 붙이고 어깨 회전에 의해 스트로크한다. 이러면 자세가 안정되고 헤드가 추 운동을 하게 된다. 헤드 궤도는 직선에 가깝고 따라서 퍼터는 중심 부분을 받쳤을 때 헤드 페이스가 수평에서 15° 정도 기울어지는 블레이드형을 사용하고 있다. 사진은 약 12m 정도 거리에서 In한 장면이다.

　위 사진은 롱퍼팅을 하는 장면으로 백은 짧게, 팔로우는 헤드를 던지는 식으로 길게 하는 형태이다. 롱퍼팅할 때는 스트로크할 때 힘을 가하기 때문에 백을 크게 하면 궤도가 흔들릴 수 있기 때문이다.

　짧은 퍼팅을 할 때는 주로 헤드 무게에 의한 복원력을 이용하기 때문에 백과 팔로우는 거의 같게 된다.

3

실전 골프 샷

필드에서 라운딩을 할 때, 연습장과는 환경과 조건이 매우 다르다. 페어웨이는 굴곡이 심한 편이며 기울기도 다양하고 여러 가지 형태의 장애물들이 있고 휘어져 있는 경우도 많다. 또 바람의 영향도 고려해야 한다. 이런 여러 가지 경우에 대응할 수 있는 샷을 구사해야 한다. 여러 가지의 샷에 대한 구사 방법을 알아보기로 하자. 샷을 할 때에 채의 선택은 제한이 없다. 채에 따른 자신의 비거리는 알고 대응해야 한다.

필드에서 매번 공을 치기 전에 한 번 정도 몸의 동작과 스윙 플레인을 생각하며 가볍게 스윙을 해본 다음 샷을 하도록 하자. 좋은 점수를 얻기 위해서는 연속적인 필드 경험을 많이 쌓는 것이 필요하다. 최소한 해저드에 대한 심리작용은 극복할 수 있게 필드 경험을 쌓도록 하자.

※공을 칠 때처럼 강한 헛스윙연습은 하지 않도록 하자. 부상의 가능성이 있다.

① 샷의 기본 종류

1) 어퍼 블로우

드라이버로 티 샷할 때에 헤드가 상승하면서 공을 때리는 형태로 공의 위치는 궤도의 최저점 앞쪽에 둔다.

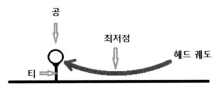

드라이브샷의 헤드 궤도와 공의 위치

2) 사이드 블로우

헤드의 궤도 최저점에서 공을 때리는 형태로 페어웨이 우드샷에서 주로 구현한다.
공은 헤드의 최저점에 둔다.

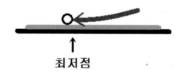

사이드 블로우

3) 다운 블로우

아이언샷에서 주로 구현하며 헤드가 내려가면서 공을 때리는 형태로 임팩트 후 공의
앞쪽 땅을 약간 파게 된다. 공은 궤도의 최저점의 뒤쪽에 둔다.

임팩트 전
공 위치

← 공

디봇

헤드

최저점

다운 블로우

헤드의 최저점 조정은 어드레스 자세에서 허리의 굽힘을 아주 조금씩 굽혀 주면 다운 블로우 쪽으로 낮아지게 된다.

② 채의 종류와 상황에 따른 샷

1) 드라이버를 사용하는 경우

(1) 미들 홀이나 롱 홀의 티 샷할 때 주로 사용

바람이 약하거나 없을 때는 노말 샷(어퍼 블로우)

뒷 바람이 강할 때는 고탄도 샷. 체중을 오른 다리에 더 두고 다운스윙할 때 머리를 뒤쪽에 유지하게 한다.(더 높은 어퍼 블로우) 티 높이를 약간 높일 필요가 있을 수 있다.(약 0.5~1cm 정도)

공의 위치
A: 저 탄도 샷
B: 정상 샷

맞바람이 강할 때는 저 탄도 샷. 공의 위치를 양발의 가운데 정도로 두고 사이드 블로우로 친다.(스퀘어 임팩트하도록 그립한다.) 티 높이를 평상시보다 약간 낮게 할 필요가 있다.

(2) 페어웨이에서 사용할 경우

맞바람이 강할 때 사이드 블로우로 친다. 단, 공의 라이가 좋고 경사가 없거나 작아야 한다. (공을 궤도의 최저점에 놓고 스퀘어 임팩트가 되게 그립한다.)

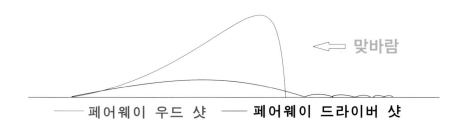

⟵ 맞바람

―― 페어웨이 우드 샷 ―― 페어웨이 드라이버 샷

페어웨이에서 맞바람이 강할 때 드라이버가 유리

2) 우드를 사용하는 경우

그린까지 거리가 많이 남아있고 라이가 좋을 때 페어웨이 우드를 사용.
사이드 블로우로 공을 친다.

턱이 낮은 페어웨이 벙커에서 공의 라이가 좋을 때
페어웨이 우드를 사용, 사이드 블로우로 공을 친다.

드라이버   3번 우드   5번 우드

티 샷할 때 티 높이 기준의 예

3) 하이브리드를 사용할 경우

롱 아이언 대신 주로 사용하며 두루두루 사용할 수 있기 때문에 범용(유틸리티) 채라고 불린다. 공이 러프에 놓였을 때에도 위력을 발휘한다. 헤드가 무거워 풀을 잘 헤치고 나아가기 때문이다.

4) 아이언의 사용

필드에서 실제로 라운딩을 할 때 사용 횟수가 제일 많은 채는 아이언이다. 그리고 방향과 거리의 정확도가 높게 만들어진 채이다. 반드시 동일 제조사의 세트를 사용해야 한다. 일반적으로 웨지 포함해서 8~9개가 1세트로 구성되고 3, 4번 아이언을 하이브리드로 대신하는 추세이다. 다양한 환경과 조건에서 매우 다양한 샷을 구사할 수 있으며 다운 블로우 샷을 주로 사용한다.

③ 여러 가지 샷

스윙할 때 공의 전후에서 형성되는 궤도의 상태와 임팩트 순간의 헤드 페이스의 각도에 따라 여러 가지 탄도가 형성된다. 이는 스탠스, 어드레스 자세와 공의 위치에 따라 다르게 형성된다. 반드시 지켜야 할 사항은 스윙만큼은 표준 스윙 즉 직선 타구를 칠 때의 스윙을 해야 한다. 직선 타구를 칠 때의 스윙이나 페이드나 드로를 칠 때나 모두 동일한 스윙을 해야 한다. 릴리스 형태를 변화시키기도 한다.

1) 직선 타구

직선 타구는 헤드의 궤도와 궤도의 접선이 접하는 위치에 공이 위치하고 있고 헤드 페이스가 접선과 직각이고 솔이 수평인 상태로 임팩트할 때에 공은 접선 방향으로 날아간다. 다음 세 가지의 경우가 있다.

(1) 정상적인 직선 타구

목표선이 헤드 궤도의 접선과 같고 공이 접점에 있고 공의 전후의 궤도가 대칭이고 궤도가 In-In일 때, 임팩트 순간에 헤드 페이스가 목표선과 직각이 될 때, 공은 목표선과 동일한 방향으로 날아가게 된다. 스퀘어 스탠스, 스퀘어 그립, 정상적인 어드레스, 정상적인 스윙 등에 의해 이루어진다.

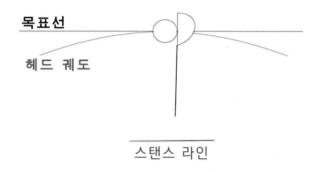

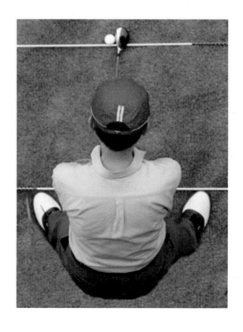

(2)풀

 스퀘어 스탠스, 스퀘어 그립이지만 다운스윙하면서 채를 당기며 어깨 회전이 정상보다 앞서게 되면 궤도는 Out-In으로 형성되고 헤드 궤도의 접선의 기울기도 다르게 되고 헤드 페이스가 헤드 궤도의 접선과 직각으로 임팩트할 때 공은 접선 방향으로 날아가게 된다. 이 현상은 반드시 교정되어야 한다. 골프에서 전혀 쓸 데가 없는 타구이기 때문이다.

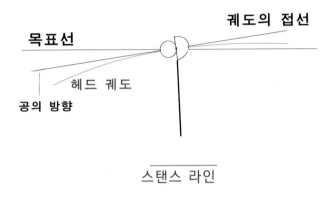

(3)푸시

 스퀘어 스탠스, 스퀘어 그립일지라도 다운스윙할 때 배를 앞쪽으로 약간 내미는 형태가 되면 채를 앞쪽으로 미는 현상이 발생하며 공 전후의 스윙 궤도는 In-Out 로 형성되어 접선의 기울기는 풀 때의 반대로 기울어지게 된다. 임팩트 순간 헤드 페이스가 접선과 직각이 될 때 공은 접선 방향으로 날아가게 된다. 이 현상도 반드시 교정되어야 한다. 골프에서 전혀 쓸모가 없기 때문이다.

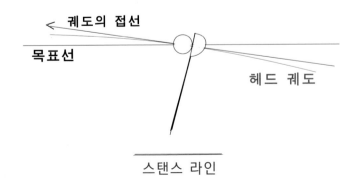

위의 세 가지는 스탠스, 그립, 어드레스, 백스윙이 모두 정상이고 단지 다운스윙만 다른 결과이다.

2) 슬라이스와 훅

슬라이스와 훅은 임팩트할 때 공에 사이드 스핀이 발생하여 공이 좌 또는 우측으로 휘어 날아가는 현상을 말한다.

(1) 슬라이스

공이 오른쪽으로 휘어 날아가는 현상으로 시계 방향의 스핀 발생에 의해서 생긴다. 헤드가 오른쪽에서 왼쪽으로 깎아치기 때문이며 그 원인은 여러 가지가 있다. 입문시절 흔하게 겪는 현상이기도 하다. 교정이 필요하지만, 오른쪽에 장애물이 있거나 오른쪽으로 휜 페어웨이에서는 필요한 샷이기도 하다. 원인으로는 오픈 페이스 임팩트, 오픈 스탠스, 오픈 그립, 테이크어웨이할 때 손의 이동이 타겟 라인과 나란하게 이동하지 못하고 몸과 멀어지는 쪽으로 이동하여 백스윙한 것 때문에 탑의 위치가 바뀌고 따라서 다운스윙 궤도가 Out-In으로 형성되는 것 등 위의 조건 중 조합에 의해서 또는 한 가지만으로도 슬라이스가 발생할 수 있다. 드라이버의 경우에는 힐 쪽에 임팩트했을 때 발생하며 임팩트가 힐 끝부분으로 갈수록 심하게 휜다.

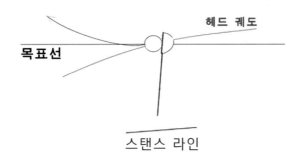

슬라이스의 원인과 교정

슬라이스는 입문 시절 많이 겪는 현상 중의 하나이다. 원인은 헤드 페이스가 오픈 상태로 임팩트하기 때문이다. 헤드 페이스가 오픈 상태가 되는 원인은

①다운스윙 궤도가 Out-In이 될 때(대부분이 테이크어웨이 잘못)
②오픈 스탠스일 때
③오픈 그립일 때
④왼팔이 굽은 상태로 임팩트했을 때(초보 시절 가장 흔한 현상)
⑤코킹이 풀리기 시작해서 손의 회전이 부족할 때

등이므로 이들을 바르게 고치면 된다. ①항은 테이크어웨이할 때 손이 팔 평면을 따라 이동하게 하면 된다. 즉 어드레스 자세 때 손의 위치보다 앞쪽으로 가지 않으면 된다. ②스퀘어 스탠스로 고치면 된다. ③스퀘어 그립으로 바꾸면 된다. ④왼팔을 곧게 펴면 되지만 가장 잘 안 고쳐지는 부분이다. ⑤코킹이 풀리면서 릴리스까지 손이 180° 정도 빠르게 회전하도록 하면 된다. ④⑤번은 다운스윙 시 채를 뿌리면 개선이 된다.

(2) 훅

공이 왼쪽으로 휘어져 가는 반시계 방향의 회전(Spin)이 공에 가해져서 발생한다. 교정을 해야 할 사항이다. 클로즈 스탠스, 클로즈 그립, 테이크어웨이할 때 채가 목표선과 평행인 위치보다 뒤쪽으로 위치하는 것에 의해 다운스윙 궤도가 In-Out으로 형성되어 발생하는 현상이다. 드라이버의 경우에는 임팩트가 토우 쪽일 때 발생하며 끝부분으로 갈수록 심하게 휘게 된다.

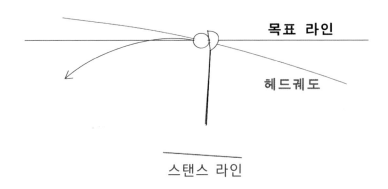

3) 페이드와 드로 (Fade & Draw)

공에 사이드 스핀(Side Spin)이 가해져 생기는 현상으로 슬라이스나 훅보다 회전이 약해서 임팩트 후 직선에 가깝게 날아가다가 탄도 끝부분에서 많이 휘는 구질이다. 실전에서 많이 쓰이는 타구 방법이므로 잘 익혀서 자유자재로 구사할 수 있게 연습해 두는 것이 좋다. 페이드와 드로를 구사하는 방법은 선수마다 조금씩 차이가 있고 나름대로의 방법을 가지고 있다. 여기서는 기본에 대해 설명한다.

(1) 페이드 샷

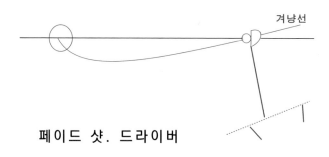

페이드 샷. 드라이버

페이드는 공이 왼쪽으로 날아가다가 오른쪽으로 휘어지는 것을 말한다. 직선 타구를 칠 때보다 오픈 스탠스, 헤드 페이스는 겨냥선과 오픈 상태이다. 위 그림은 드라이버로 페이드 샷을 칠 때의 상태이다. 아이언일 때는 채에 맞게 발 간격을 좁히고 공의 위치도 통상적인 아이언 샷을 칠 때와 같이 하면 된다.

페이드 샷을 치는 방법은 드로보다는 쉬운 편이다. 스퀘어 스탠스로 백스윙을 타겟라인보다 앞쪽으로 하여 아웃-인 궤도가 되게 해도 되며 릴리스 시점을 늦추어도 이루어진다. 임팩트할 때 헤드 페이스가 오픈이 되면 페이드가 된다. 따라서 골퍼에 따라 페이드 치는 방법은 조금씩 다르다.

페이드의 사용 예

① 오른쪽에서 왼쪽으로 기울어진 경사지(그림 1) 직선 타구나 드로일 경우는 왼쪽으로 공이 굴러가서 러프로 들어갈 가능성이 높기 때문에 이런 경우는 페이드를 치는 것이 좋다.

② 오른쪽에서 왼쪽으로 바람이 불 때(그림 2) 그림만 보아도 설명이 필요 없다.

③ 오른쪽으로 꺾인 페어웨이(그림 3) 직선 타구보다 페이드가 그린에 더 가까이 공을 갖다 놓을 수 있다.

④ 그 외 오른편에 있는 건물, 나무 등 장애물을 피할 때, 좌우로 길게 되어 있는 그린에서 홀이 오른쪽에 있는 경우 등

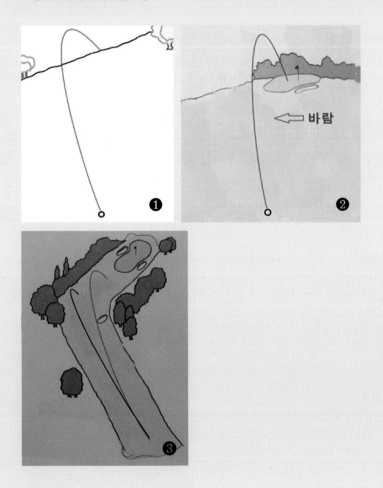

(2) 드로 샷

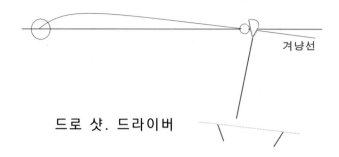

겨냥선

드로 샷. 드라이버

위 그림에서 빨간색 그림이 드로 샷을 칠 때의 스탠스, 공의 위치, 헤드 상태이다. 통상적인 직선 타구를 칠 때의 상태를 그대로 시계 방향으로 약간 회전한 것과 같다. 그리고 헤드 페이스는 겨냥선(빨간 실선)과 클로즈되어 있다. 스탠스의 오픈 정도와 헤드 페이스의 클로즈 정도는 공을 얼마나 휘어지게 하느냐에 따르고 크게 할수록 많이 휘게 된다. 약간 휘는 드로는 공의 비거리를 길게 하며, 장애물을 피하거나 그린에 홀이 왼쪽에 있을 때, 왼쪽에서 오른쪽으로 바람이 불 때 공이 떨어지는 지점의 기울기가 오른쪽이 낮게 기울어져 있을 때에 드로를 활용한다. 스윙은 평상시와 같다. 골퍼에 따라 손목을 이용하기도 하고 약간씩 다른 방법을 쓰기도 한다. 아이언일 때는 채에 맞게 발 간격을 좁히고 공의 위치도 오른쪽으로 옮기고 하는 것은 통상적인 방법과 같다. 클로즈 스탠스라 함은 직선 타구를 칠 때의 스탠스에 대해 클로즈됨을 의미한다.

드로의 사용 예
드로는 구르는 거리도 길고 비거리도 길기 때문에 많이 사용하고 있다.
① 그림 1처럼 그린이 공의 위치보다 왼쪽에 있고 그린이 나무 등으로 가려 있는 경우 드로 샷을
  구사하는 것이 효과적이다.
② 그림 2처럼 그린 앞쪽에 물이나 벙커 등의 장애물이 있을 때.
③ 그림 3처럼 왼쪽에서 오른쪽으로 불어 올 때 바람의 세기에 따라 드로 샷을 구사하는 경우가 많다.

④ ㄱ자로 휘어진 페어웨이일 때 사용

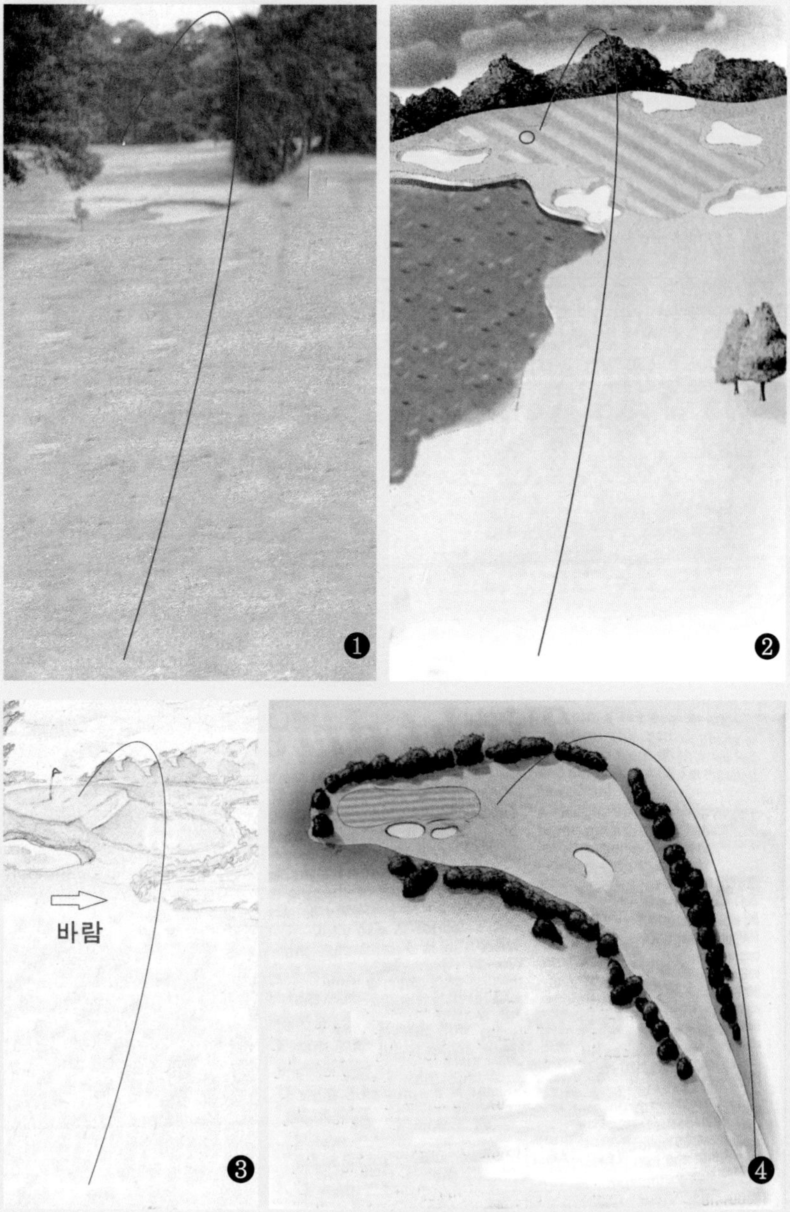

바람

(3) 직선타구, 드로, 페이드, 비교표

	직선 타구	드로	페이드
스탠스	목표선과 스퀘어	목표선에 대하여 클로즈	목표선에 대하여 오픈
겨냥	목표	목표보다 오른쪽	목표보다 왼쪽
공의 위치	정상적 위치	통상 위치보다 약간 뒤쪽	통상적인 위치
헤드 페이스	목표선과 스퀘어	겨냥선과 클로즈	겨냥선과 오픈

※겨냥선이라 함은 오른쪽 또는 왼쪽의 가상 목표와 연결한 선을 말함.
※공의 위치와 발의 간격은 각각의 스탠스에서 채에 따라 통상적으로 취하는 형태대로임.
※공의 위치는 골퍼에 따라 다소 차이가 있음.

4) 웨지(Wedge) 고탄도 샷

그린 주변의 벙커는 대체로 테두리가 높기 때문에 고탄도 샷이 필요하다. 페어웨이보다 높은 그린 주변에서도 고탄도 샷이 필요하다. 그 외에도 장애물을 넘겨야 할 때 등 주로 그린 주변에서 고탄도 샷이 필요한 경우가 많은 편이다. 요령은 오픈 스탠스와 오픈 그립으로 샷하지만 다른 샷에 비해 오픈 정도가 가장 큰 편이다. 탄도를 얼마나 높게 할 것이냐에 따라 다르지만 헤드 페이스는 그림과 같이 지면과 이루는 각이 30° 정도이다. 오픈할수록 탄도는 높게 되며 스탠스 오픈 정도에 맞게 헤드 페이스도 같이 오픈해 주어야 한다. 공은 오른발 뒤꿈치에 거의 가깝게 위치시켜야 한다. 처음 시도할 때는 공이 바르게 날아가지 않을 것 같이 느껴지기도 한다. 그러나 공은 그림의 점선을 따라 페이스 면을 스쳐가므로 목표 방향으로 날아가게 된다.

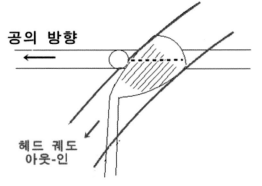

공의 방향

←

헤드 궤도
아웃-인

5) 헤드 스피드 높이기

　사람에 따라 차이는 있지만 다운스윙할 때의 자세와 코킹을 늦게 푸는 것에 의해 자신들의 속도 기준으로 30% 정도 높일 수가 있다.

　A의 헤드 속도는 B의 헤드 속도의 약 1.3배 이상이다. 코킹이 늦게 풀리게 하는 요령은 손목도 꺾어야 하지만 우선 다운스윙할 때 왼팔을 곧게 펴는 것이다. 그리고 어깨 회전을 빠르게 해서 팔의 회전 가속도를 높여 헤드가 관성에 의해서 늦게 따라 오게 되도록 해야 한다. 이런 면에서 특히 아이언은 약간 무게감이 있는 것이 코킹이 늦게 풀어지게 하는 데 도움이 된다.

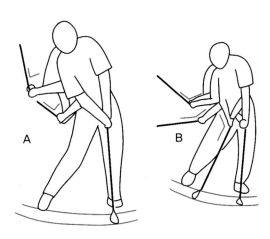

⑥ 공의 여러 가지 방향

공의 전후에서의 스윙 궤도와 임팩트 순간의 상대 위치에 따라 공의 여러 가지 방향이 생겨나게 된다. 공의 위치가 고정되어 있는 경우라도 스윙할 때 형성되는 궤도가 일정한 형태로 일정한 위치에 형성될 수가 없기 때문에 공과 궤도의 상대 위치는 항상 변화하게 되며 이는 공의 방향에 영향을 주어 여러 방향이 생겨나게 된다.

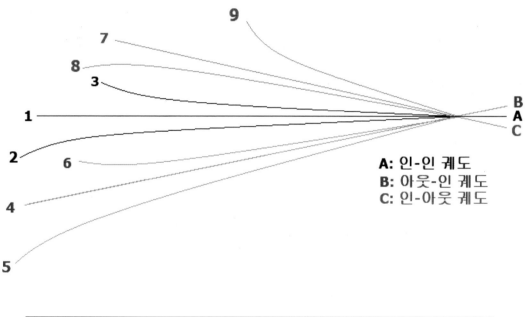

A: 인-인 궤도
B: 아웃-인 궤도
C: 인-아웃 궤도

1. 직선타구	2. 훅	3. 슬라이스	4. 풀	5. 풀훅
6. 풀슬라이스	7. 푸시	8. 푸시훅	9. 푸시슬라이스	

(1) In-In 궤도(A)

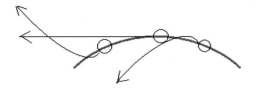

(2) Out-In 궤도(B)

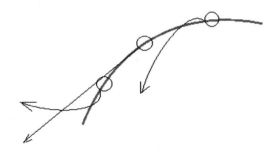

(3) In-Out 궤도(C)

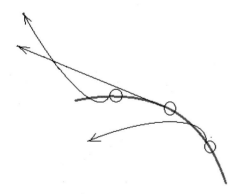

④ 공이 놓인 위치에 따른 샷

골프 코스에는 벙커, 해저드, 경사, 러프, 옆 경사, 높낮이 차이 등 여러 가지 경우를 만나게 되며 그때그때에 대응해서 샷을 해야 한다.

1) 벙커샷

골프 코스에는 여러 가지 형태의 벙커(모래, 웅덩이)가 있다. 페어웨이 벙커, 그린 주변의 턱 높은 벙커 등 벙커에 공이 빠져 모래 위에서 어드레스할 때 채로 공이나 모래를 건드려서는 안 된다. 건드리면 벌타이다. 발이 흔들리지 않게 발을 움직여 모래에 좀 묻혀서 스탠스가 견고하게 되도록 해야 한다. 그리고 대부분 모래와 함께 공을 쳐 내야 한다.

(1) 페어웨이 벙커
대부분 턱이 낮기 때문에 비교적 멀리 쳐 낼 수 있다.

라이가 좋을 때

공이 모래 위에 얹혀 있으며 턱이 낮고 목표까지 거리가 있을 때는 우드, 하이브리드, 롱 아이언 등으로 사이드 블로우를 구사하여 멀리 쳐내면 된다.

에그 처리

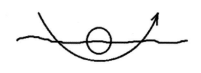

공이 모래에 파묻혔을 때는 묻힌 정도에 따라 어느 정도 깊이 퍼낼 것인가를 정하고 SW로 모래와 함께 퍼내면 된다. 깊이 퍼내야 할 때는 솔이 좁은 채가 잘 파고들 수 있어 유리하다.

(2) 그린 주변의 벙커

그린 주변의 벙커는 대체적으로 턱이 높고 공이 높은 턱 밑에 놓이기 쉽게 되어 있다. 높은 탄도로 쳐야 한다. (오픈 스탠스, 오픈 그립으로 샷)

벙커 샷의 여러 가지

2) 경사에서의 샷

(1) 오르막 라이-목표 방향이 높아지는 경사

　체중은 오른 다리 쪽에 두고 발가락 쪽에 많이 둔다. 그리고 클럽은 평지 때보다 1~2클럽 짧게 선택하고 플랫하게 스윙한다. 평지 때보다 무릎과 허리를 경사도에 따라 약간 펴고 다소 우측을 겨냥한다.

경사가 작을 때(약20°이하)
어깨선을 경사와 맞추고 체중은 오른 다리에 공은 왼쪽에 두고 헤드가 경사면을 따라 움직이게 스윙하면 좋다. 약간 오른쪽을 쳐야 한다.

경사가 클 때
오른 다리에 체중을 두고 평상시보다 한 클럽 정도 짧은 채를 사용. 낮은 경사 때보다 더 오른쪽 겨냥.

오르막 라이에서는 로프트를 크게 한 어드레스 자세가 필요하다. 어깨선을 기울기에 맞추는 것이 좋다.

공은 평지 때보다 약간 왼쪽에 둔다.

(2) 내리막 라이-목표 방향이 낮아지는 경사

체중은 왼 다리에 두고 코킹을 빨리 한다. 다소 좌측을 겨냥한다. 경사도에 따라 허리와 무릎을 평지 때보다 적절히 더 굽힌다.

경사가 작을 때
어깨선을 경사와 맞추고 공은 약간 오른쪽에 두고 체중은 왼 다리에 두고 백스윙은 코킹을 빨리, 가파르게 한다. 약간 왼쪽을 겨냥한다.

경사가 클 때
공을 오른 발 쪽에 두고 체중은 왼발에 두며 코킹과 백스윙을 더욱 가파르게 하여 다운스윙한다.

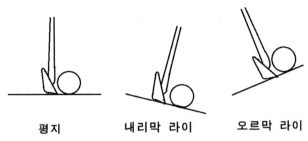

평지   내리막 라이   오르막 라이

*라이는 다르지만 지면과 헤드 페이스가 이루는 각은 모두 같다.

(3) 공이 발보다 높은 곳에 있을 때

　이런 경사에서는 공과 몸 간의 거리가 가까워지므로 경사도에 따라 1~2클럽 짧은 채를 택하고 그래도 길면 짧게 잡아야 한다. 경사도에 따라 평소보다 무릎과 허리를 펴고 공은 왼쪽 방향으로 가기 쉬우므로 스탠스나 그립을 조정할 필요가 있다. 체중은 발가락 쪽에 둔다. 공은 평지 때보다 약간 오른쪽에 둔다.

⑷공이 발보다 낮은 곳에 있을 때

공과 몸 간의 거리가 멀어지게 된다. 경사도에 따라 1~2클럽 긴 채를 택하고 좀 넓은 스탠스로 체중을 뒤꿈치에 두고 무릎과 허리를 경사도에 따라 적절히 굽혀 팔로만 스윙한다. 공은 우측으로 가기 쉬우므로 스탠스나 그립을 조정할 필요가 있다. 경우에 따라 우드나 롱 아이언도 사용할 수 있다.

3) 러프에서의 샷

숏트 아이언이나 웨지로 일찍은 코킹과 가파르게 백스윙하여 쳐내면 좋다. 또 5번 우드나 하이브리드를 사용해도 좋다. 헤드가 무겁고 비교적 작아 풀을 잘 헤치고 나가기 때문이다.

4) 어프로치 샷

그린 주변에서 홀컵을 향한 샷을 말한다.

(1) 피칭

4시~8시. 3시~9시. 2시~10시. 풀스윙
피칭 웨지(PW)를 주로 사용했으나 거리와 취향에 따라 다른 웨지도 사용할 수
있다. 높은 탄도를 형성하려면 오픈 스탠스에 맞춰 그립도 오픈해야 탄도와
거리가 달라진다. 목표까지 100m전후의 거리가 있을 때 백스핀을 강하게 하여
공이 그린에 떨어진 후 반대 방향으로 구르게 하기도 한다.

 높은 탄도를 형성하기 때문에 공의 위치보다 그린이 높을 때, 벙커나 해저드, 또는
비교적 높은 장애물 등을 건너 넘겨야 할 때 사용한다. 오픈 스탠스와 오픈 그립의
정도가 클수록 탄도는 높게 형성되고 거리는 줄게 된다. 거리의 조정을 위하여 백스윙
폭을 조정하기도 한다.

(2) 칩샷

  그린 주변 약 20m 안쪽의 거리에서 탄도를 낮게 하여 공을 그린에 떨어뜨린 후 굴러가게 하는 방법이다. 공의 위치와 그린의 높이가 거의 같을 때 사용하며 홀컵이 공의 진행 방향으로 그린 엣지로부터 충분히 떨어져 있어야 한다.

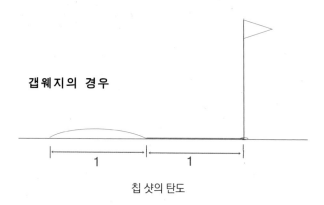

칩 샷의 탄도

스퀘어 스탠스로 평소보다 공을 오른쪽에 두고 헤드 페이스가 스퀘어로 임팩트하게 어드레스하여 손목을 그대로 유지하면서(손목을 사용하지 않고) 스윙한다. 주로 웨지를 사용하며 A(갭 웨지)를 사용했을 때에 공이 떠서 가는 거리와 구르는 거리가 대략 같게 된다.(그린이 평지일 때)

실제 칩 샷 장면

칩샷의 또 한 방법

7번이나 8번 아이언을 사용하여 퍼팅 어드레스처럼 양팔의 윗부분을 옆구리에 붙이고 손목을 고정한 상태로 어깨 회전으로 헤드가 추 운동을 하도록 하여 공을 치면 낮은 탄도가 형성되고 잘 구른다. 거리의 조정은 스트로크의 폭을 조정하면 된다.

어프로치에 대하여

어프로치 샷은 약 120m 정도 이내의 거리에서 홀컵을 목표로 하는 샷이다. 공을 얼마나 홀컵 가까이 붙이느냐가 스코어에 큰 영향을 미친다. 과거에는 피칭 웨지(P)와 샌드 웨지(S) 두 가지를 사용했으나 지금은 갭 웨지(A)나 로브 웨지(L)를 추가 할 수 있어서 더욱 정교한 어프로치 샷을 할 수 있게 되었다.

피칭 웨지: 로프트 각 46°

갭 웨지: 〃   50°

샌드 웨지: 〃   56°

로브 웨지: 〃   60°

※로프트 각은 제조사에 따라 다소 차이가 있음.

※바운스각은 8~12° 정도의 제품들이 있다.

바운스각에 대하여

바운스는 웨지 솔(Sole)의 각도로 잔디나 모래 속으로 헤드가 깊이 파고 들어가지 않도록 해 주는 역할을 한다.

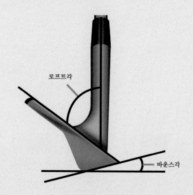

스윙 스타일이나 골프장의 상태에 따라 선택하면 된다. 스윙 궤도가 급한 스타일이면 바운스 각이 큰 것이 좋고, 골프장 상태가 단단한 편이면 바운스 각이 작은 쪽이 좋다. 특히 벙커 샷에서는 바운스 각이 큰 쪽이 유리할 수 있다. 단 에그 처리할 때는 바운스 각이 작은 쪽이 유리하다. 그러나 샷의 컨트롤이 가능한 정도의 숙련자라면 굳이 큰 바운스 각을 선택할 필요는 없다고 본다. 아마추어로서는 8° 정도가 적당할 것이다.

하이 바운스(High Bounce): 9~14° 부드러운 잔디, 모래, 가파른 스윙 궤도.

미드 바운스(Mid. Bounce): 7~9° 모든 상황에 적합.

로 바운스 (Low Bounce): 4~7° 단단한 코스, 완만한 스윙 궤도.

어프로치 샷의 종류

① **칩 샷**: 탄도를 낮게 구사하여 구르는 거리가 더 길다. 구르는 거리는 웨지에 따라 달라진다. 그린 주변에서 공이 놓인 자리와 그린의 높이 차이가 거의 없고 홀컵의 위치가 그린 엣지에서 멀게 있을 때 사용할 수 있다.

② **피치 샷**: 탄도를 높게 구사하여 구르는 거리를 짧게 할 수 있다. 공의 위치와 그린의 높낮이가 다를 때나 장애물이 있을 때 홀컵이 그린 엣지에 가까워 공이 굴러갈 수 있는 거리가 짧을 때 사용한다. 또 홀컵까지의 거리가 20m이상 자신의 피칭 풀샷 거리 이내일 때에도 사용할 수 있다.

③ **피치 앤드 런**: 그린 주변 페어웨이에 공이 있고 홀컵까지 여유가 있을 때 9번 아이언이나 피칭 웨지로 공을 평소보다 오른발 쪽에 두고 손이 앞선 어드레스 자세로 샷한다. 정상 피칭보다 탄도가 조금 낮고 구르는 거리도 길다.

④ **플롭 샷**: 러프에서 일반적인 피치샷보다 더 높게 띄워 그린을 공략하는 샷이다. 주로 그린 주변 러프에서 사용한다. 클럽 페이스를 최대한 오픈하고 오픈 스탠스로 스윙하여 헤드가 공의 아래쪽을 정확히 파고 들게 해야 한다.

⑤ **로브 샷**: 라이가 좋은 상태에서 공을 높이 띄워 거의 구르지 않게 할 때에 사용한다. 그린 주변에 있는 벙커 등을 가로지를 때, 홀컵이 그린 엣지 가까이 있을 때 사용한다. 클럽 페이스를 최대로 오픈하고 오픈 스탠스로 헤드를 공의 밑에 미끌어지듯 밀어 넣어야 한다.

※거리의 조절은 스윙의 폭을 조절하는 방법을 사용하지만 공을 띄우는 정도에 따라 달라지므로 이 또한 많은 연습이 필요하다. 참고로 아래는 미국의 어프로치 통계다.

프로 남녀 그린 적중률: 65%

73타 아마추어 그린 적중률: 60%

92타 아마추어 그린 적중률: 19%

이븐 파를 하려면 그린 적중율이 60%는 넘어야 가능함을 알 수 있다.

어프로치 중요성

스코어에 많은 영향을 미친다. 그날의 스코어는 어프로치와 퍼팅에 달렸다는 말이 있는 이유이다. 어프로치 샷이 잘 되어 홀인하든지 홀컵에 얼마나 가까이 붙이느냐에 따라 퍼팅이 수월해진다.

(3) 어프로치 샷의 거리 조절

 어프로치 샷을 할 때의 거리 조절은 스코어에 많은 영향을 미친다. 방법은 제각기 다르게 가지고 있기 때문에 일률적으로 말하기는 어렵지만 기본적이라 할 수 있는 방법에 대해 알아 보자.

① 스윙 폭의 조절

4시~8시

3시~9시

2시~10시

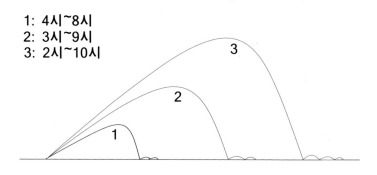

1: 4시~8시
2: 3시~9시
3: 2시~10시

피치샷의 스윙 크기, 탄도, 비거리

풀 스윙은 각자가 채마다 자신의 비거리를 알고 있으므로 남은 거리에 맞는 채를 선택하면 된다.

어프로치 샷
피칭이나 오픈 스탠스 고탄도 샷 등도 백스윙은 어깨 회전에 의해서 이루어지고 엉덩이 회전은 최소화, 다운스윙은 엉덩이 회전부터 시작하여 어깨 회전과 팔의 회전이 따라오게 리드하는 것은 통상적인 샷과 같다. 어프로치 샷이라고 해서 스윙의 기본 방법을 바꾸는 것은 좋지 않다. 백스윙은 어깨 회전으로, 다운스윙은 엉덩이 회전이 선행 리드하는 어깨 회전에 의한 동작이다. 이 기본은 어떤 형태의 샷에도 적용된다.

어프로치 샷의 거리표
각자가 어프로치 샷에 사용하는 웨지별 스윙폭에 따른 비거리 표를 가지는 것이 필요하다.

② 탄도의 조절

스탠스와 로프트 각을 이용하여 공의 탄도를 조절하여 비거리를 조정한다. 스탠스의 오픈 정도를 크게 함과 동시에 채의 로프트 각도 크게 그립하면 탄도가 높아지고 비거리는 줄어든다. 반대로 스탠스의 오픈 정도를 작게 하고 로프트도 작게 그립하면 탄도가 낮아지며 비거리도 늘어난다.

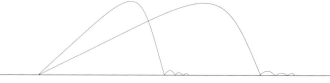

—— 오픈 정도가 클 때의 탄도
—— 오픈 정도가 작을 때의 탄도

어드레스와 그립의 오픈 정도에 따른 탄도의 변화

③ 강한 백 스핀의 구사

강한 스윙을 할 수 있는 거리가 필요하고 다운 블로우로 스윙을 해야 한다. 그린까지의 거리가 비교적 멀고 홀컵이 공을 보내려는 방향 쪽의 그린 엣지에 가까울 때 구사한다. 이때, 홀컵을 넘어가게 공을 떨어뜨려 강한 백스핀에 의해 공이 홀컵 쪽으로 굴러오게 한다.

5) 기타

위에서 설명한 이외에도 여러 가지 상황을 만나게 된다.

(1) 디봇 자국에 공이 놓였을 때

현재보다 더 깊은 디봇을 만들면서 쳐야 한다. 미들 아이언 정도가 사용되지만 비교적 깊은 디봇이라면 쇼트 아이언을 선택하는 것이 무난할 것이다.

(2) 자연 장애물

나뭇가지, 낙엽, 잔돌 등과 같이 공이 있을 때는 공이 움직이지 않는 범위 내에서 일부 장애물을 제거한 다음 공을 칠 수가 있다. 단 공이 움직이면 벌타이다.

잔돌 위에 공이 놓였을 때

나뭇가지가 공에 걸쳐져 있을 때

나뭇잎이 공 위에 놓여 있을 때

(3) 나무 밑둥 가까이 공이 놓였을 때

진행 방향으로 샷을 할 수 없다면 페어웨이 가운데로 공을 쳐내야 한다.

퍼터

그린 방향

페어웨이 방향

토우(Toe)부분으로   쇼트아이언으로

나무와 공이 놓인 관계에 따라 블레이드 형의 퍼터로 쳐낼 수도 있다.

🏌 5 코스의 공략

실제 골프 코스는 직선적인 것도 있지만 좌우로 휜 것도 있고 높이가 10m, 20m 또는 그 이상 차이날 때도 있고 좌우로 길게 생긴 그린도 있다. 또 전면에 장애물이 있는 경우도 있다. 이런 때에 페이드나 드로 볼을 잘 구사하면 한 타 이상 줄일 수 있다.

1) 왼쪽으로 휜 코스

드로 볼을 잘 구사하면 한 타 줄일 수 있다. 거리를 잘 감안하고 휨을 잘 파악하여 목표 지점을 선정한다.

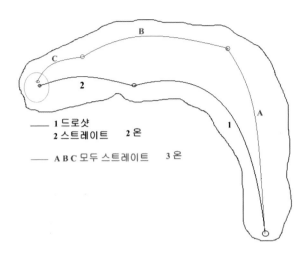

드로 샷의 활용

2) 오른쪽으로 휜 코스

 페이드 볼을 잘 구사하면 한 타 정도 줄일 수 있다. 물론 거리와 휨을 잘 파악하여
목표 지점 설정 후에 공을 친다.

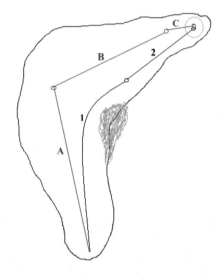

페이드 샷의 활용

3) 양옆으로 긴 그린

그린이 가로로 길게 펼쳐진 경우

· 홀컵이 A지점에 있을 때 드로 샷으로 공략
· 홀컵이 B지점에 있을 때 자신이 가장 자신있는 샷으로 공략
· 홀컵이 C지점에 있을 때 페이드 샷으로 공략

4) 앞에 해저드가 가로 놓여 있을 때

입문 시절에는 긴 연못, 풀 밭, 숲 등 여러 가지 형태의 해저드가 가로놓여 있을 때 심리적인 영향으로 미스 샷을 할 가능성이 높다. 따라서 공을 바라 보면서 목표까지의 거리만 생각하며 공을 치자.

5) 높이 차이가 클 때

높이 차이를 측정하여 채를 선택해야 한다. 일반적으로 그린 위의 깃대가 2.4m이므로 높낮이의 차이가 깃대의 몇 배인가를 가늠하면 된다. 차이가 4배라면 9.6m이므로 약 10m로 간주하여 1클럽을 조정하면 좋다. 목표가 높으면 1클럽 길게, 낮으면 1클럽 짧게 선택하면 좋다.

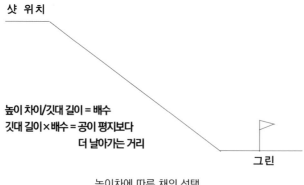

높이차에 따른 채의 선택

⑥ 큰 나무가 정면에 있는 코스

높은 탄도로 나무를 넘긴다.

⑥ 그린에서

공과 홀컵 사이의 경사와 잔디결 등을 잘 파악해야 한다. 공과 홀컵 주변을 돌아보는 것이 좋다. 홀컵과 공을 이은 선 상의 공 뒤쪽과 홀컵 뒤쪽에서 살펴보는 것은 샷을 할 때 많은 참고가 되기에 반드시 봐야 한다. 퍼팅은 홀컵을 20~30cm 정도 지날 수 있는 정도의 강도로 하는 것이 좋다.

결의 방향

골의 방향

허리를 약간 구부린 자세
이런 자세가 편하고 좋은 사람은 블레이드형 퍼터를 사용하는 것이 적당하다.

허리를 많이 구부린 자세
이런 자세가 편하고 좋은 사람은 말렛형의 퍼터가 적당하다.

요즘은 블레이드형 퍼터도 말렛형처럼 허리를 많이 굽히고 퍼팅할 수 있게 만들어진 것도 있다.(토우 드롭형 퍼터)

1) 그린에 비교적 큰 경사가 있을 때

(1) 내리막, 오르막 경사

 내리막 경사일 때는 경사도에 따라 홀컵보다 앞쪽을, 오르막 경사일 경우는 홀컵보다 더 먼 지점을 목표로 해야 한다. 내리막보다 오르막 경사 쪽이 쉬운 편이다.

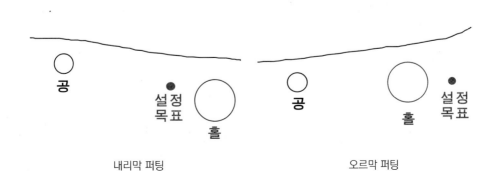

내리막 퍼팅   오르막 퍼팅

(2) 옆으로 기울어진 경사

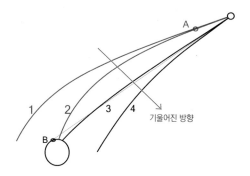

방향에 따라 힘 조절이 필요하다

①은 A지점을 겨냥하고 적절한 힘보다 세게 쳤을 때

②은 A지점을 겨냥하고 적절한 힘으로 쳤을 때

③은 홀컵 끝을 겨냥하고 좀 강하게 쳤을 때

④는 홀컵 끝을 겨냥하고 약하게 쳤을 때

이렇듯 방향과 힘에 따라 여러 가지 궤도가 형성됨을 알 수 있다. 방향만 보지 말고 힘 조절도 같이 생각해야 한다.

2) 퍼팅 연습의 여러 가지 방법

공의 거리와 방향을 다르게 놓고 연습

공의 거리만 다르게 놓고 연습

경사가 진 곳에서의 연습

3) 그린에서의 기울기 측정법(플럼 바빙-Plumb-bobbing-연추 측정 방법)

요즘은 잘 사용하진 않지만 과거에 자주 볼 수 있었던 그린의 기울기를 측정하는 한 방법을 소개하기로 한다.

그린의 기울기를 측정하기 위한 방법으로 다음과 같은 순서로 행해진다.

1. 우선 마스터 아이(Master eye)를 찾는다. 팔을 뻗어 검지손가락을 세운 후 손가락을 보면서 손가락보다 멀리 있는 한 점을 가리키면서 왼쪽 눈을 감고 오른쪽 눈으로 보고, 반대로 오른쪽 눈을 감고 왼쪽 눈으로 보았을 때에 점이 손가락에 가까이 보이는 것이 마스터 아이이다.

2. 홀과 공을 연결한 직선상의 공 몇 보 뒤에서 팔을 뻗어 마스터 아이 앞에 퍼터를 들어 관측자가 볼 때 수직으로 되게 한다. 이렇게 하기 위해서는 퍼터의 토우가 정면을 향하게 해야 한다. (사진 참조)

3. 공의 중심과 클럽 샤프트의 아래쪽 부분을 맞추고 마스터 아이를 홀컵 위치까지 높인다.

4. 기울기가 있으면 홀이 클럽 샤프트의 오른쪽이나 왼쪽에 보일 것이다.

5. 홀이 보이는 쪽의 샤프트 반대쪽을 겨냥하면 된다.

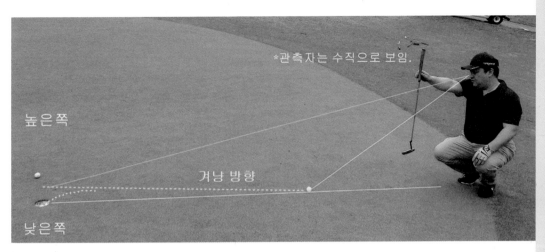

*관측자는 수직으로 보임.

높은쪽

겨냥 방향

낮은쪽

주의할 점

퍼터를 들었을 때에 반드시 관측자가 볼 때 수직이 되어야 한다. 그러기 위해서는 헤드의
토우가 정면으로 향하게 해야 한다. 또 퍼터의 위치는 정확하게 홀과 공을 이은 직선상에
수직으로 있어야 한다. 그렇지 않으면 정확도가 낮아진다. 블레이드형 퍼터를 사용해야 한다.

4) 잔디결

잔디결과 같은 방향으로 퍼팅할 때는 공이 잘 굴러가고, 잔디결과 반대 방향일 때 저항으로 공이 굴러가는 거리가 줄게 된다는 사항도 고려해야 한다.

5) 젖은 그린

새벽 이슬이 마르지 않았을 때나 비가 올 때는 공이 잘 구르지 못하게 되므로 이를 감안한 퍼팅을 해야 한다.

7 주의

골프 관련 동영상이나 사진을 볼 때 다음 사항을 주의해야 한다.

1. 입체영상이 아닌 평면 사진이므로 입체적으로 보지 못하는 것에 의한 오류.

2. 카메라의 위치와 각도에서 오는 차이에 의한 오류.

3. 렌즈 디스토션에서 오는 오류.

4. 어느 부분에 힘을 쓰는지는 보이지 않는다.

1) 시니어(Senior)분들에 대하여

1. 40대 때에 비해 스윙폭을 약간 줄인다. (80% 정도로)

2. 스윙 템포를 약간 늦춘다.

3. 비거리에 너무 연연하지 말 것.

4. 어프로치의 정확성을 높이는데 노력하자.

5. 즐기자.

어프로치할 때에 채의 선택
40대: 기준연령
50대: +1 클럽(비거리가 늘어나는 쪽)
60대: +2 클럽(비거리가 늘어나는 쪽)
70대: 하이브리드

2) 릴리스(Release)에 대하여

 릴리스는 임팩트 후 채를 던지는 것 같은 동작을 말한다. 릴리스가 잘 되어야 비거리도 좋고 공의 방향성도 좋다. 릴리스는 손목의 동작에 따라 세 가지 정도로 구분하고 있다.

로테이션 릴리스(Rotation Release, 또는 Cross over Release)
릴리스 구간에서 손목을 엎는 동작에 의함.

슬랩 힌지 릴리스(Slap HInge Release)
손목을 자유스럽게 유연성을 유지한다. 쉽고 가장 많이 사용하는 방법.

푸시 릴리스(Push Release)
손목을 거의 사용하지 않고 고정한다.

비거리 순서는 로테이션 릴리스, 슬랩 힌지 릴리스, 푸시 릴리스의 순이고, 정확도의 순서는 푸시 릴리스, 슬랩 힌지 릴리스, 로테이션 릴리스의 순이다.

| 로테이션 릴리스 | 슬랩 힌지 릴리스 | 푸시 릴리스 |

위의 사진은 각각의 릴리스 모습이다.

3) 릴리스의 특징

크로스 오버 릴리스

리드미컬하고 템포 기본의 골퍼에게 적합. 일반인에게 어려움.

슬랩 힌지 릴리스

헤드 속도를 더해주기 때문에, 왼손으로 리드하는 스윙을 하는 사람, 헤드 속도가 낮고 여성이나 시니어 골퍼들에게 적합.

4) 코킹에 대하여

 스윙할 때 코킹을 잘 활용하면 비거리도 늘고 구질도 좋아지게 된다. 백스윙할 때의 코킹은 손목을 꺾으며 의도적으로 해야 하지만 다운스윙할 때는 코킹을 늦게 풀리게 하는 것이 유리하다. 그러나 이것은 의도적으로는 어렵고 충분한 어깨 회전에 의해 다운스윙 속도를 어느 선 이상으로 높여야 가능해진다. 회전 속도가 높으면 관성에 의해 채가 뒤따라 오게 되고 이것은 코킹이 늦게 풀리게 작용하게 된다.

 백스윙할 때 코킹을 하는 시점은 사람마다 다르지만 가파른 스윙을 해야 할 때는 백스윙 초기에(얼리 코킹:early cocking) 테이크어웨이 이후에 하는 것이 일반적이다.

스윙속도가 빠르다고 헤드 속도가 빨라질까?
스윙 속도는 빠르게 보이는데 비거리는 기대치에 못 미치는 경우를 가끔 본다. 무엇이 문제일까? ①코킹을 잘 활용하지 못하고 있다. ②팔로 친다. ③왼팔을 곧게 펴서 스윙하지 않는다. ④임팩트 후 스윙을 멈춘다. 왼팔을 곧게 펴서 스윙하면 스윙 자체는 느려 보이지만 헤드 속도는 증가한다. 스윙 속도보다 헤드 속도를 빠르게 하는 스윙을 해야 한다.

얼리 코킹(코킹 시점이 빠르다.)   일반적 코킹(코킹 시점이 늦다.)

코킹이 늦게 풀리는 것은 다운스윙에 의한다
코킹이 늦게 풀리는 게 좋다는 사실은 대부분의 골퍼들이 알고 있는 사실이다. 그러나 어떻게 늦게
풀리게 해야 하는지에 대해서는 잘 알지 못한다.
코킹을 늦게 풀리게 하는 것은 의도적이기 보다는 손목의 유연성과 바른 스윙에 달려있다. 곧게
편 왼팔이 채를 끌어가며(왼팔 리드) 회전하면 채는 관성 때문에 손목이 꺾이는 쪽으로 힘을
작용시킨다(반작용). 반작용을 크게 하기 위해서는 축이 유지되는 어깨 회전과 왼팔을 곧게 유지하고
리드하며 어깨 회전 속도가 빠를수록 좋다. 어깨 회전을 빠르게 하려면 엉덩이 회전에 가능한 힘을

다 가해야 한다. 손은 탑 위치 때의 상태(왼 손등이 정면을 향하게 코킹이 풀리는 포인트까지)를 그대로 유지해야 한다. 반작용을 크게 발생시키면 코킹을 유지하는데, 즉 늦게 풀리게 하는 데에 많은 도움이 된다. 릴리스 포인트가 낮을수록 비거리가 증가한다.

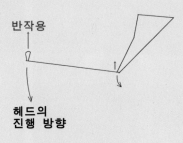

반작용에 의한 코킹의 유지

5) 드라이버 어드레스 자세와 스윙에 대한 문제 제기

드라이버 어드레스 때의 라이 각과 임팩트 때의 라이 각

드라이버 어드레스 자세는 아이언 자세처럼 취하고, 임팩트 때는 드라이버 라이 각이 되도록 한다. 즉, 드라이버 어드레스 자세 때는 토우(Toe)가 많이 들리는 상태가 되고, 임팩트 때는 라이 각대로의 위치로 공을 맞추고 백스윙하면서 탑의 위치도 바꾸고, 참으로 어려운 스윙을 하고 있는 것이다. 이 스윙이 어려운 이유는 백스윙하면서 어드레스 자세 때 플레인(아이언 플레인)보다 플랫하게(드라이버 플레인 쪽으로) 한두 번 바꾸고 다운스윙하면서 또 한 번 더 플랫하게 바꾸는 것이기에 임팩트 포인트의 정확도를 떨어뜨리게 되고 힘의 분산에 의해 비거리 손해 또한 발생할 수도 있기 때문이다. 또 상체의 자세도 어깨 부분이 뒤쪽으로 휘어져 나오고 머리는 앞쪽으로 숙여지는 불편하고 이상한 자세가 되며 공은 왼쪽으로 날아갈 확률이 크게 된다.

그래서 차라리 어드레스 자세를 드라이버의 라이 각에 맞추고 백스윙하면 플레인을 바꾸는 일을 안 하는 게 더 좋다고 생각한다. (본문 드라이버 어드레스 참조) 어깨가

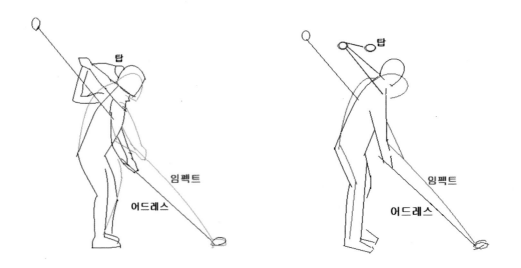

휘어지고 고개가 숙여지는 일도 사라지고 공의 방향도 바르게 될 것이다.

　위의 두 그림은 세계 대회에서 우승한 유명 프로선수의 드라이버 때의 어드레스 자세(검은 선)와 임팩트 순간(빨간 선)의 자세와 채의 상태를 캡쳐하여 그린 것이다. 두 선수 모두 어드레스 자세는 아이언 자세에 매우 가깝다. 따라서 토우(Toe)가 많이 들린 상태이고 샤프트는 채의 라이 각보다 작게 되어 있다. 그러나 임팩트 순간에는 헤드솔이 수평이고 샤프트는 약간 휘었지만 헤드는 수평을 유지하고 있다. 이렇게 되게 하기 위해서는 두 선수처럼 어깨 부분의 등이 뒤쪽으로 많이 휘어져야 하고 머리는 앞쪽으로 숙여져야 한다. 다운스윙하며 머리를 숙이고 등을 구부려 뒤로 뺀 자세는 참으로 부자연스러워 보인다. 이렇게 하면 공이 왼쪽으로 날아갈 확률이 높아진다.

　이런 자세보다 어드레스 자세를 라이 각에 맞추고 축을 유지하며 축의 회전에 의한 어깨 회전으로 스윙하는 것이 훨씬 자연스럽고 정확성을 높이고 비거리도 늘일 수 있다고 생각한다. 스윙하면서 자세를 변경하는(보상 동작) 번거로움이 없기 때문이다. 다만 임팩트 때 샤프트가 약간 휘는 것에 의한 영향(Toe down)만 어드레스 때 감안하면 좋을 것이다.

우승을 여러번 한 선수의 스윙은 다르다

어드레스 자세 때 채는 라이 각에 맞게, 임팩트 순간 채는 라이 각 상태.
손목의 유연성이 아주 좋다. 코킹이 풀리는 포인트가 낮고 채는 수평 상태를 유지하고 있다.
코킹이 늦게 풀린다. 어깨 회전에 의한 스윙, 백스윙, 다운스윙 모두 왼팔을 곧게 뻗은 상태를
유지한다. 어드레스 때의 손의 위치와 임팩트때 손 위치가 매우 근접한다.

아마추어가 책을 쓰면

세계 대회에서 우승한 쟁쟁한 선수들이 쓴 책이 많은데 아마추어가 쓴 책을 누가 볼까? 그러나
저자가 지금까지 겪은 일을 두고 생각해 보면 채의 구조와 이에 맞게 스윙해야 한다는 설명은 거의
들은 적이 없다. 그저 스윙에 대해서만 이야기들을 하고 있을 뿐이다. 또 한 가지는 인터넷에 골프
스윙에 관한 수없이 많은 글들이 돌고 있지만 이 중 많은 부분이 합당하다고 볼 수 없는 것들이라고
생각된다. 책 내용의 진가는 모르는 사람이 읽었을 때는 알지 못한다. 진가의 평가는 아는 사람이
읽었을 때 비로소 평가를 받게 된다. 이런 점을 활용하면 독자들을 확보할 수 있지 않을까? 혼자
알기는 아깝다. 쓰자. 사진을 찍는 일이 장난이 아니었다. 찍고 또 찍고 또 찍고… 수년이 걸렸다.
필요한 순간이 잡히지 않는 장면은 그림으로. 최근에는 고속촬영이 가능한 보급형 카메라가
나왔지만 그 이전 촬영한 것들을 정리한 것. 모델도 아마추어, 사진도 아마추어 모두 아마추어들의
작품이다. 그러나 내용은 지금까지 책에 없는 말과 내용이 꽤나 많다. 반응을 보기 위해 일부
블로그에 올린 내용에 대한 반응은 놀라울 따름이었다.

6) 골프 스윙의 발전

골프 스윙하는 방법, 릴리스 방법, 완벽한 임팩트에 대한 위치와 자세가 한 가지
방법만이라고 생각하는 사람들이 있으나 그렇지는 않다. 이 책에서는 채의 구조와
인체의 구조, 물리 이론을 바탕으로 한 기본적인 방법을 설명하였다. 많은 연습에 의해
이를 충분히 익힌 후에 이를 바탕으로 자신만의 스타일을 찾아 더욱더 발전시키는

것이 필요하다고 생각한다. 다만 채의 구조에 맞게, 인체 구조에 합당하게, 물리적 이론에 맞게 해야 함을 잊지 말아야 한다.

골프는 자세와 동작을 바르게 알고 익히면 아마추어로서 즐기기에 그렇게 어려운 운동은 아니라고 생각한다. 공이 잘 안 맞는다고 이렇게도 해 보고 저렇게도 해 보는 행동은 하지 말기를 바란다. 또 채를 탓하기 전에 무엇이 잘못되고 있는지를 찾아서 교정하기 바란다. 이 책이 골프 입문자들이나 교정을 원하시는 분들에게 많은 도움이 되기를 바란다.

4

골프채의
구조와 특성

① 골프 클럽의 제원

명칭		표준 로프트	표준 라이
우드	1번 드라이버	10°	55°
	2번 브라시	13°	55 1/2°
	3번 스푼	16°	56°
	4번 버피	19°	56 1/2°
	5번 클리크	22°	57°
아이언	(드라이빙아이언)	16°	56°
	2번	20°	57°
	3번	20°	58°
	4번	23°	60°
	5번	26°	60.5°
	6번	30°	61°
	7번	34°	61.5°
	8번	38°	62°
	9번	42°	62.5°
웨지	피칭 웨지(P)	46°	63°
	갭 웨지(A)	52°	64°
	샌드 웨지(S)	56°	64°
	로브 웨지(L)	60°	64°
하이브리드(유틸리티)	3번	20°	59°
	4번	23°	59.5°
	5번	26°	60°
퍼터		5 ~ 6°	

위의 제원표는 하나의 예이며 실제는 다양한 스펙의 채가 있다.

일반적으로 적용되는 드라이버 샤프트 중량

몸무게와 샤프트 중량		헤드스피드와 샤프트 중량	
60kg~70kg	샤프트 중량 55g±2g	145km/h~150km/h	샤프트 중량 55g±2g
70kg~80kg	샤프트 중량 60g±2g	150km/h~160km/h	샤프트 중량 60g±2g
80kg~90kg	샤프트 중량 65g±2g	160km/h~170km/h	샤프트 중량 65g±2g
90kg 이상	샤프트 중량 65g 이상	170km/h 이상	샤프트 중량 65g 이상

※요즘은 더 가벼운 샤프트도 판매하고 있다.

남자골퍼 평균 비거리 비교표

분 류	클 럽 명	일반 비거리	일반상위 평균	프로 평균
우드	1번 드라이브	190m~210m	220m	255m
	3번 스푼	170m~190m	200m	230m
	5번 클리크	160m~180m	190m	210m
아이언	3번	150m~170m	180m	195m
	4번	140m~160m	170m	185m
	5번	130m~150m	160m	175m
	6번	120m~140m	150m	165m
	7번	110m~130m	140m	155m
	8번	90m~120m	130m	145m
	9번	80m~110m	120m	135m

드라이브의 길이
42인치(107cm) ~ 47인치(119.5cm)

웨지	피칭 웨지(P)	70m~100m	110m	120m
	겝 웨지(A)	60m~80m	90m	105m
	샌드 웨지(S)	50m~70m	80m	90m
	로브 웨지(L)	40m~50m	60m	70m

반발 계수

두 물체가 충돌할 때 튀어 나가는 정도를 나타내는 수치, 충돌 전후의 상대 속도의 비율로 주어진다. 계수가 1일 때 완전 탄성 충돌이라 한다. 골프 대회에서는 클럽의 반발 계수를 0.83 이하로 규제하고 있다. 반발 계수 0.83 이상의 비공인 드라이버도 판매되고 있다. 반면 반발 계수 0.83 이상의 드라이버 생산을 중단한 제조사들도 있다.

반발 계수의 측정 방법

헤드를 고정하고 1m 앞에서 시속 100km의 속도로 공을 충돌시켜 튕겨 나오는 속도를 측정하여 100km에 대한 비로 나타낸다. 튕겨 나오는 속도가 85km였다면 탄성 계수는 85/100, 즉 0.85가 된다.

② 골프채의 재질, 구조, 특성

소재의 발달과 기술의 발달에 의해 날로 발전해 가며 성능 좋은 채들이 많이 나오고 있다. 골프채의 종류는 너무나 다양하고 많다. 이렇게 많은 종류 가운데 자기에게 맞는 클럽을 선택하는 것은 그리 쉬운 일이 아니다. 입문자에게는 더욱 어려운 일이다. 그래도 반드시 자기에게 맞는 채를 선택해서 사용해야 한다. 따라서 전문가나 골프샵의 도움을 받는 것이 좋다고 생각한다. 채 자체의 무게도 다양하며 같은 급의 스윙 웨이트라도 회사마다 다른 경우가 많이 있다. 샤프트의 경도도 같은 급이라도 회사마다 차이가 크다. 로프트와 라이도 마찬가지이다.

　채를 선택하기에 앞서 채에 대해서 알아보도록 하자.

1) 골프채의 종류

(1) 우드(Wood)

골프공을 멀리 쳐 보낼 때에 사용하는 채로, 과거에 헤드를 나무로 만들었기 때문에 우드라고 부르나 현재는 금속으로 만든 것이 대부분이다. 우드의 경우 거리 위주로 만들어져 공의 방향성은 아이언보다 떨어진다.

1번 드라이버(Driver): 팅 그라운드에서 공을 멀리 보내기 위해 사용하는 채이다. 지금은 금속이 주류를 이루고 있으며 헤드 크기가 점점 커져서 지금은 460cc 정도의 것도 많이 나와 있다. (과거에는 250cc 정도)(프로시합에서는 탄성 계수를 0.83이하로 제한하고 있다. 반발 계수 0.83이상의 채를 만들지 않는 회사도 있다.) 최근에는 무게와 로프트 각, 라이 각을 사용자가 변경할 수 있는 드라이버도 있다.

2번 브라시(Brassie): 페어웨이에서 공을 멀리 날려 보낼 때 주로 사용하며 거리 등을 고려하여 티 샷할 때도 사용한다.

3번 스푼 (Spoon): 페어웨이 우드라고도 불리며 페어웨이에서 공을 멀리 날려 보낼 때 주로 사용하고 티 샷할 때에도 사용한다.

4번 버피 (Buffy): 3번과 동일.

5번 클리크 (Cleek): 공을 높게 날릴 수 있으면서 비거리도 얻을 수 있다. (일반적으로 3번, 5번, 2종류를 많이 사용한다. 프로 대회에서 클럽의 수를 총14개로 제한하고 있는 것의 영향으로 볼 수 있다. 요즘은 이 외에 5번, 7번 또는 9번까지도 만들고 있다.)

(2) 아이언(Iron)

헤드를 금속으로 만든 클럽으로 통상 3번에서 9번까지와 피칭 웨지(Pitching wedge)와 샌드 웨지(Sand wedge)로 구성 되어 있고 그 외에 1번(드라이빙아이언), A(Gap wedge) L(Lob wedge)등도 만들어지고 있다. 1번에서 4번까지를 롱 아이언(Long Iron) 5~6번을 미들 아이언(Middle Iron) 7번에서 9번까지를 쇼트 아이언(Short Iron)이라고 한다.

웨지로는 피칭 웨지(PW), 갭 웨지(A), 샌드 웨지(SW), 로브 웨지(L)가 있다. 거리보다 방향의 정확성에 우선을 두고 있다. 형틀에 쇳물을 부어서 만든 주조품과 금속을 두드려서 만든 단조품이 있다. 단조에 의해 만들어진 것이 비싸며 라이 각을 약간 조정할 수 있는 이점이 있고 타구감도 우수하며 공의 컨트롤이 용이한 면이 있다. 번호가 클수록 샤프트 길이가 짧으며 라이 각과 로프트 각이 크게 되어 있다. 동일한 힘과 템포로 스윙했을 때 큰 번호로 갈수록 한 번호 차이에 비거리가 약 10m 정도씩 짧아지게 되어 있다. 따라서 반드시 한 세트로 된 것을 사용해야 한다. 세트 구성은 과거에는 3~9번까지와 피칭 웨지, 샌드 웨지의 9개 였으나 최근에는 5~9번까지와 피칭 웨지(P), 샌드 웨지(S), 갭 웨지(A)의 8개의 구성이 많고 하이브리드 채 1개 정도를 추가하고 있다. 3번 아이언의 비거리가 3번 우드의 비거리와 겹치는 문제 때문이기도 하며 일반 아마추어의 경우 3번 아이언(롱 아이언)이 치기 어렵다는 편견 때문이라 생각된다. 참고로 롱 아이언이 치기 어렵다는 것은 잘못된 생각이며 어드레스 자세와 스윙이 잘못되었기 때문이다. 그리고 무게가 토우 쪽에 치우친 것이나 힐 쪽에 치우친 채는 사용하지 않는 것이 좋다.

아이언을 라이 각대로 세워 놓으면 그립의 높이는 같다. 이는 채 번호에 따라 발 간격만 다르고 어드레스 자세가 같아야 함을 알 수있다.

우드

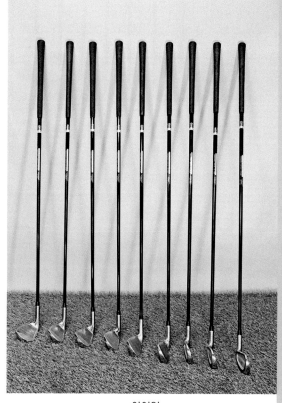

아이언

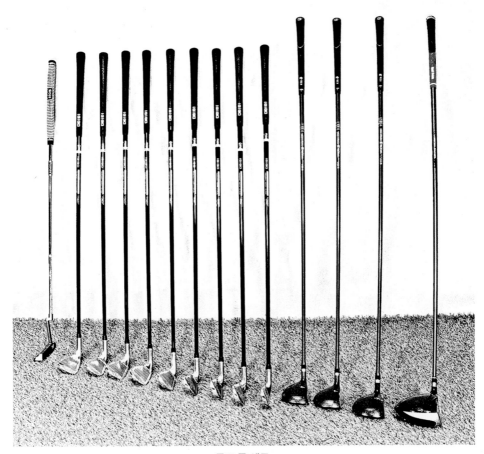

골프 풀 세트

샌드 웨지와 로브 웨지의 차이

샌드 웨지는 솔의 플렌지가 커서 보다 많은 운동량을 얻을 수 있어 두터운 모래나 잔디에서 보다 잘 칠 수 있다. 또 바운스가 커서(10~16°) 모래나 잔디에 파고들기 어렵게 되어 있다. 페어웨이에서는 사용하지 않는 것이 좋다.

로브 웨지는 플렌지가 작아 공 밑으로 잘 미끌어져 들어가게 되어 있다. 바운스도 0~10°정도로 되어 있어 공을 깔끔하게 쳐 낼 수가 있게 되어 있다.

(3) 하이브리드(유틸리티 채: 범용성의 채)

페어웨이 우드와 아이언의 장점을 혼합한 채로 거리는 페어웨이 우드처럼 멀리 가지만 샤프트가 짧아서 비교적 치기 쉬운 채이다. 특히 러프에서 공을 칠 때 헤드가 무겁기 때문에 웬만한 풀은 쓸고 지나간다. 종류는 몇 가지가 있고 4번 아이언 대신으로는 23~24°로프트의 하이브리드, 3번 아이언 대신으로는 19~20°로프트의 하이브리드, 5번 우드 대용으로는 16° 정도의 로프트 각을 가진 하이브리드 채를 선택하면 좋다. 티 샷, 페어웨이 샷, 아이언 샷, 벙커 샷, 러프에서의 샷 등 여러 경우에 사용할 수 있기 때문에 유틸리티 클럽(범용성 채)이라고도 부른다. 스윙 스피드가 빠르고 공을 높이 띄우는 사람은 아이언 스타일의 채가 좋으며 여성이나 나이 든 사람은 우드 스타일의 채가 좋다.

일반적인 유틸리티(하이브리드)의 종류와 스펙

	라이 각	로프트 각
유틸리티(하이브리드) 3번	19	58
유틸리티(하이브리드) 4번	21	58.5
유틸리티(하이브리드) 5번	24~25	59

하이브리드 페이스면

옆면

(4) 퍼터(Putter)

그린에서 공을 홀컵에 밀어 넣을 때에 사용하는 클럽이다. 종류도 다양하기 때문에 자기 취향과 스윙에 맞는 것을 선택해야 한다. 너무 가벼우면 안정된 궤도를 유지하기가 어렵다. 자기 힘에 비해 너무 무거우면 다루기가 어렵게 된다. 최근에는 헤드가 투명 유리로 된 것이나 헤드 위치가 정반대로 된 것 등 다양한 형태의 퍼터가 출시되고 있다.

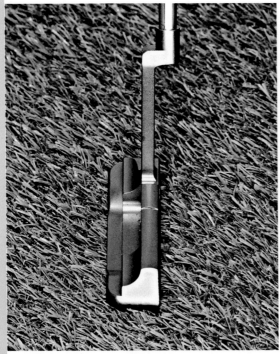

블레이드형

말렛형

2) 골프채의 특성

골프 클럽은 세트(Set)로 되어 있지만 무게, 길이, 스윙 웨이트, 샤프트 강도 등에 따라 종류가 많아 선택에 신중을 기해야 한다.

(1) 채의 무게(채의 자중)

채 전체의 무게를 말하며 헤드 무게, 샤프트 무게, 그립 무게로 구성되며 종류가 다양하며 헤드 무게가 무거울수록 공에 주는 충격량이 커서 공의 비거리가 늘어나지만 헤드의 속도를 높이는 데는 큰 힘이 필요하다. 따라서 무거운 클럽을 빠른 속도로 스윙할 수 있으면 좋지만 동일한 힘을 사용할 때에 무거운 것이 속도가 느려지므로 서로 반대의 상관관계다. 자기 체력에 맞는 무게의 클럽을 선택해야 한다. 자기 힘에 비해 너무 가볍거나 너무 무거울 경우 스윙할 때에 최대 힘을 가하는 것이 어렵게 된다.

(2) 채의 길이

길수록 스윙 아크가 크고 헤드 속도가 빨라져서 공을 멀리 날아가게 하지만 이 역시 서로 반대의 상관관계를 가지며 체형과 체력에 맞는 클럽을 선택하는 것이 필요하다. 채의 길이가 길어지면 헤드 스피드가 빨라지며 공에 가해지는 힘이 커져 비거리가 늘어나지만 어느 선을 넘어 더 길어지면 오히려 헤드 속도가 느려져서 비거리가 줄어들게 된다. 드라이브의 경우 채의 길이의 한계는 46인치 정도이다. 한계치 이내에서는 길이가 길수록 스윙 아크가 크게 된다. 즉 회전 반경이 크게 된다. 따라서 관성 모멘트가 크게 되고 임팩트 때 공에 더 큰 충격을 주게 되어 비거리가 늘어나게 된다.

(3) 스윙 웨이트

관성모멘트를 말하며 다음과 같이 분류한다. (스윙할 때 느끼는 무게감)

A (0~9) 힘이 약한 소년 소녀 노인에게 적합.

B (0~9) 힘이 약한 소년 소녀 노인에게 적합.

C (0~9) 여성 또는 힘이 약한 남성에게 적합.

D (0~9) D3까지는 일반 남성에 적합. D4이상은 힘이 강한 사람, 일반 프로용

E (0~9) 프로나 하드 히터용.

각각 10등급, 50종이 있다.

　A0가 가장 가벼운 것이고 E9가 가장 무거운 클럽이다. (요즘에는 G0~G9까지도 나오는 경우가 있다.) 이것 역시 체력에 맞는 채를 선택하는 것이 중요하다.

　스윙 웨이트는 헤드 궤도 형성에 영향을 주는 중요한 요소의 하나이므로 채를 보수할 때에 스윙 웨이트가 변하지 않도록 해야 한다.

·스윙 웨이트는 측정용 전용 저울로 측정할 수 있다.
·오래 사용한 그립을 교체할 때나 샤프트 등을 교체할 때에는 스윙 웨이트가 변하지 않도록 해야 한다. 반드시 스윙 웨이트를 확인하고 동일한 스윙 웨이트가 되도록 교체해야 한다.
·관성 모멘트: 회전 운동을 방해하는 힘. 따라서 관성 모멘트(스윙 웨이트)가 큰 채가 스윙하는 데에 큰 힘이 필요하게 된다.
·관성 모멘트(I) = mr^2 (m: 질량 r: 회전 반경)
·질량은 골프채의 무게 중심에서의 무게로 간주하면 좋고, 회전 반경은 회전 중심에서 무게 중심까지의 거리이다. 물리에서 엄밀히 말하면 질량과 무게는 다르다.

(4) 샤프트

　샤프트는 스윙에 많은 영향을 미치며 자기 스윙 속도에 맞는 샤프트의 선택이 꼭 필요하다. 또 비거리와도 상당한 관계가 있고 뒤틀림의 정도는 공의 방향성에도 영향을 미치는 채의 중요한 구성 요소이다. 휨새의 특성은 대단히 중요하며 고유의 진동을 가지고 있으나 스윙 시 이상 진동 현상이 있어서는 안 된다. 만일 이상 진동 현상이 있다면 자기 스윙에 맞지 않는 샤프트이거나 잘못 만들어진 샤프트라고 보면 된다.

재질: 경량 스틸(금속)로 만든 것과 보론, 그라파이트(카본), 벡트란 등으로 만든 것들이 있고, 이 중에서 금속으로 만든 스틸 샤프트가 뒤틀림이 적다. 뒤틀림이 적을수록 좋은 샤프트라고 할 수 있다. 요즘은 금속 샤프트도 가볍고 좋은 특성의 것들이 생산되고

있어서 많이 사용하고 있다.

경도: 유연성에 따라 L(Ladies), A(Average), R(Regular), S(Stiff), X(Extra) 다섯 가지로 분류하며 이를 더 세분하고 있다. 샤프트의 경도는 비거리 등에 영향을 주며 몸과 함께 스윙 전체의 유연성을 확보하는 요소이므로 매우 중요하다. 따라서 스윙 속도에 알맞는 유연성의 것을 선택하는 것이 좋다. 토르크 역시 속도에 맞는 것을 선택하는 것이 바람직하다.

표시		강도	대상
X	엑스트라	가장 강함	프로, 최강의 아마추어(300야드 내외)
S	스티프		힘이 있는 근육질의 골퍼
R	레귤러		일반 남성
A	시니어		힘이 약한 남성, 시니어
L	레이디스	유연함	일반적인 여성

샤프트의 고유 진동수와 그 영향

모든 골프 샤프트는 고유의 진동수를 가지며 강한(Stiff) 샤프트일수록 진동수가 높고 길이가 짧을수록 진동수는 높다. 이 진동수 때문에 자신도 모르게 스윙의 어려움을 당할 수도 있다. 예를 들면 드라이브의 경우 초당 4회 내외의 진동수를 가진다. 따라서 진동의 주기는 0.25초가 되며 이 시간은 임팩트 순간에 공과 헤드가 접촉하는 시간 0.003~0.004초에 비해 약70배나 긴 시간이다. 따라서 진동의 어떤 순간에 공이 헤드와 부딪히느냐에 따라 비거리, 탄도 등에 영향을 준다. 다운스윙의 방향과 진동 방향이 같을 때에 임팩트하면 도움이 되는 방향이다. 특히 드라이브의 경우 샤프트의 영향이 크기 때문에 선택할 때는 자신의 스윙 스타일, 스윙 속도 등을 고려하여 신중히 선택할 필요가 있다. 같은 회사의 동일한 모델이라도 진동수는 다를 수 있으며 즉 편차가 크다는 의미이다. 임팩트할 때에 채의 샤프트가 진동하면서 공을 때리면 원인 모를 어려움을 당할 수가 있다. 탑에서 임팩트까지 이 진동이 발생하지 않게 하기 위해서는 계속 가속하는 것이 필요하고 자기 속도에 맞는 샤프트를 선택하는 것이 좋다.

3) 구조

골프 클럽의 구조는 원심력과 관성을 잘 이용하도록 되어 있다. 따라서 스윙 동작에서 형성되는 폼과 동작이 자연스럽게 이루어지게 되어 있다. 의도적으로 만들어지는 게 아니다. 의도적으로는 제대로 동작이 형성되지 않는다. 매우 큰 원심력과 관성을 컨트롤하는 것이 거의 불가능하기 때문이다. 즉 오른팔을 옆구리에 붙이는 것, 손을 180°빠르게 회전시키는 것, 공을 더 밀어 주는 것, 팔로우스루를 잘 하는 것 등은 의도해서 되는 것이 아니라 바른 자세에서 나오는 바른 스윙을 함으로써 자연스럽게 이루어지는 것이다. 또 아이언 세트는 긴 것에서 짧은 클럽까지 어드레스 자세와 스윙을 모두 동일하게 하도록 만들어져 있다. 또 라이 각, 로프트 각, 샤프트 길이를 다르게 하여 동일한 힘, 속도, 템포로 스윙해도 클럽마다 비거리가 다르게 되도록 만들어져 있다.

아이언세트의 경우 동일한 조건으로 스윙을 해도 한 번호 차이마다 약 10m 정도씩 비거리 차가 나게 된다. 이 수치는 기준치라고 보아야 하며 사람에 따라 채마다의 차이는 다를 수가 있다. 그리고 옳은 궤도가 되도록 스윙할 때에 큰 힘을 가할 수 있게 만들어져 있다.

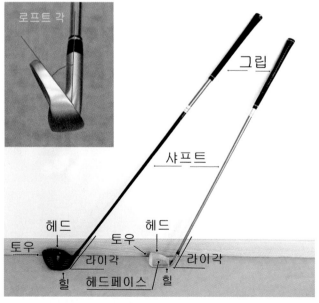

각부 명칭

(1) 라이 각

라이 각은 헤드 솔 부분이 지면과 수평이 되게 채를 세웠을 때 지면과 샤프트가 이루는 각을 말하며 클럽 번호에 따른 스윙 플레인을 결정하는 요소이다.

표준 라이 각보다 1~2°크게 또는 작게 만들어진 클럽 세트도 있다. 업라이트 스윙쪽인 사람은 라이 각이 큰 세트를, 플랫 스윙쪽인 사람은 라이 각이 작은 세트를 택하면 된다.

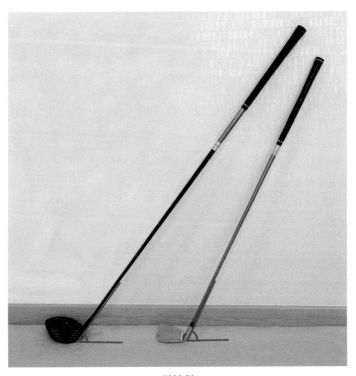

라이 각

자신에게 맞는 라이 각의 선택 방법은 5장 '골프 클럽의 선택' 참조.

(2) 라이 각의 역할

　라이 각은 스윙할 때에 헤드의 궤적이 만드는 평면과 몸의 회전축과 어깨 부분 사이에 만들어지는 각을 결정하게 되고, 이것은 헤드에 전달되는 힘의 비율을 변화시켜 비거리를 다르게 한다. 회전축의 어깨 부분과 이루는 각이 직각에 가까울수록 헤드에 많은 힘이 전달되어 비거리는 크게 된다. 채가 길수록 라이 각이 작게 되어 있고 헤드 궤적이 만드는 원과 몸의 회전축의 어깨 부분과 만드는 각은 직각 쪽으로 가까워지므로 스윙 시 많은 힘이 헤드에 전달되고 비거리가 커지게 된다.

　결국 라이 각은 헤드에 전달되는 힘을 변화시키는 역할을 하게 된다. 단조에 의해서 만들어진 아이언은 라이 각을 약간 조정하는 것이 가능하기도 하다. 클럽마다 이 각을 달리 하여 헤드의 궤적이 달라지도록 되어 있으며 헤드 궤적이 이루는 평면과 회전축의 어깨 부분이 이루는 각이 클럽에 따라 달라지게 되고 이것은 힘의 전달 비율을 다르게 한다. 이론상 궤적이 이루는 평면과 회전축의 어깨 부분과 이루는 각이 직각일 때가 힘의 전달율이 가장 크다. 또 라이 각은 어드레스 자세의 기준이 된다.

우드와 아이언의
스윙 플레인

(3) 로프트 각

채를 사진처럼 바르게 세웠을 때에 타구면과 수직선이 이루는 각을 말한다. 아이언의 경우 표준 로프트 각의 클럽을 사용하는 것이 바람직하다. 로프트 각을 2단계 정도 작게 만든 아이언 세트들도 있다. 이를 테면 9번 아이언의 로프트 각이 7번 표준 로프트 각으로 되어 있다든지 하는 것들이다. 아이언 샷은 공이 뜨고 땅에 닿아 통 통 통 굴러 가는 게 제격이라 생각한다. 반면 라이 각을 작게 하여 공을 굴리는 형태는 아니라고 생각한다. 로프트 각에 따라 공의 탄도가 달라지게 된다. 로프트 각이 클수록 공은 높이 뜨게 되고 공의 회전은 빨라지며 비거리는 줄게 된다.

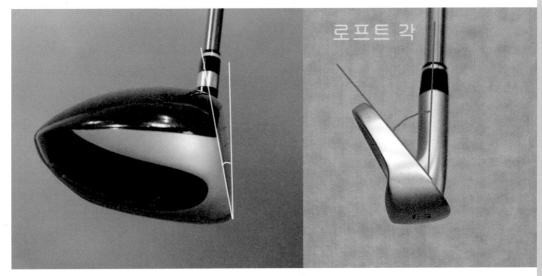

로프트 각

(4) 로프트 각의 역할

로프트 각의 차이는 공의 탄도를 높게 또는 낮게 바꾼다. 로프트 각이 크면 탄도가 높게 되고 로프트 각이 작으면 공의 탄도는 낮게 된다. 공의 탄도가 높으면 비거리가 줄고 땅에 떨어진 후에 굴러가는 거리도 줄게 된다. 따라서 로프트 각은 탄도 조정에 의해 비거리를 다르게 하는 역할을 한다.

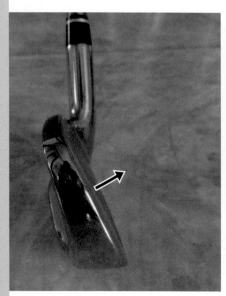

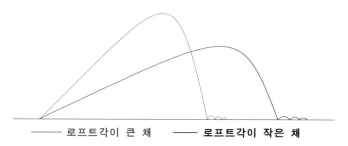

──── 로프트각이 큰 채   ──── 로프트각이 작은 채

로프트 각의 크기와 탄도

(5) 샤프트 길이

샤프트 길이는 스윙 아크의 크기를 다르게 한다. 아크가 클수록 비거리는 길어진다. 제조 회사에 따라 클럽 세트마다 길이가 전반적으로 약간 길게 만들어진 세트도 있고 약간 짧게 만들어진 세트도 있다. 선택은 힘과 체형, 운동 습관에 따라 정하면 된다. 첫째는 스윙이 편할 것, 둘째는 힘이 많이 전달되도록 헤드와 회전축간의 물리적인 관계를 생각할 것, 셋째는 정확성을 유지할 수 있을 것 등이다.

아이언 세트의 경우는 한 번호 차이마다 약 0.5인치 정도씩 길이가 다르게 되어 있다.

(6) 라이 각과 샤프트 길이

아이언 세트를 라이 각에 맞추어 세워 놓으면 사진과 같이 손잡이 부분의 높이가 같아진다.

이것은 모든 아이언 세트는 번호에 관계없이 어드레스 자세가 동일해야 함을 의미한다. 관성과 원심력, 구심력을 이용하여 채 번호에 관계없이 스윙폼도 똑같이 하게 되어 있다. 공의 위치와 발의 간격만 다르게 하면 된다. 골프 클럽은 이렇게 만들어져 있다. 그래서 아이언은 이것저것 섞어 사용하면 안 되고 동일 제조사의 세트를 사용해야 한다. 우드도 마찬가지이지만 골퍼에 따라 혼용하는 경우도 있다.

스윙 플레인은 조금씩 다르다. 즉 채마다 고유의 스윙 플레인을 가지고 있다.

(7) 라이 각, 로프트 각, 샤프트 길이의 조합과 역할

아이언 세트를 예로 설명하면 번호마다 길이가 다르고 라이 각, 로프트 각도 다르다. 번호가 커질수록 샤프트 길이는 짧고 라이 각과 로프트 각은 크게 되어 있다. 앞에서 설명한 대로 번호가 커질수록 세 가지 요소는 비거리가 짧아지는 쪽으로 작용한다. 따라서 동일한 힘과 속도로 스윙을 해도 채에 따라 비거리가 약 10m 정도씩 차이가 나게 되는 것이다. 어프로치할 때를 제외하고는 동일한 힘과 속도로 스윙하는 것은 골프 라운딩에서 매우 중요한 일이라 할 수 있다. 라운딩 중 동일 번호의 채인데도 비거리가 들쭉 날쭉하면 거리 가늠의 의미가 없어진다.

(8) 원심력, 구심력과 관성의 이용

원심력과 구심력은 헤드의 궤도 형성에 직접적으로 영향을 미치며 토핑(Topping)과 더프(Duff: 뒷 땅)는 부적합한 궤도 때문에 원심력의 수평 분력과 수직 분력의 비가 부적절하게 되어 발생하는 것이다. 아이언 세트의 경우는 채마다 원심력의 수평 분력과 수직 분력의 비가 채 번호에 따라 다르게 되어 있기 때문에 같은 어드레스 자세와 같은 스윙 형태로 스윙을 해도 헤드가 각각의 공 위치로 가게 된다.

관성은 비거리를 늘이기 위해 최대한 발생시켜 활용한다. 따라서 관성을 최대로 발생하도록 하는 자세와 스윙이 되어야 한다. 다운스윙에서 관성을 크게 발생시킬 수 있는 구간은 탑에서 코킹이 풀릴 때까지이다. 코킹을 늦게 풀리게 할수록 관성은 크게 발생하게 된다. 골프채는 이런 것들을 잘 활용할 수 있는 구조로 되어 있다.

(9) 스윗 스팟(Sweet spot)

일반적으로 헤드 페이스(Head Face)의 중심 부분이고 제조사에 따라 약간 아래쪽으로 되어 있는 것도 있다. 과학의 발달로 인해 스윗 스팟이 좀 더 넓은 채들로 계속 나오고 있다. 이 스윗 스팟에 공이 맞으면 공이 똑바르게 날아가며 손에 느껴지는 충격이나 뒤틀림의 느낌 없이 경쾌하게 공을 밀고 나아가며 비거리 또한 길다.

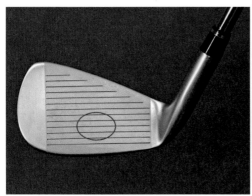

스윗 스팟

골프채는 땅에 있는 공에 몸의 자세와 스윙 동작으로 가장 크게 충격을 가할 수 있는 구조로 만들어져 있다. 따라서 골프를 시작할 때는 자신에게 맞는 채를 선택해서 자세와 스윙 동작을 채에 맞출 수 밖에 없다. 어드레스 자세에서 팔과 채가 일직선이 아니고 적당한 각을 갖게 한 것, 다리를 굽히고 허리를 굽히게 한 것, 샤프트가 속도에 맞는 적절한 유연성을 가지게 한 것, 아이언의 경우 헤드 모양을 사각형이나 원형이 아니고 토우 부분을 넓게 힐 부분을 좁게 한 것, 등이 그렇다. 따라서 자세와 스윙도 채의 조건에 합당하게 해야 하는 것은 너무나 당연한 일이다. 기본은 어떤 스윙에서도 반드시 지켜져야 한다. 그러면서 자신의 스윙 스타일을 발전시켜 나가야 한다.

5

골프 클럽의
선택

소재와 기술의 발달에 의해 성능 좋은 골프채들이 다양하게 나오고 있어 선택의 폭이 날로 넓어져 가고 있다.

골프채는 반드시 자기에게 맞는 것을 선택해서 사용해야 한다. 제일의 조건은 헤드의 속도를 크게 할 수 있어야 한다. 시중에 나와 있는 수많은 종류의 채들 중에서 선택한다는 것은 결코 쉬운 일은 아니다. 입문자에게는 더더욱 어려운 일이다. 따라서 입문자는 전문가나 골프샵의 도움을 받는 것이 좋다. 이때 가장 중요한 것은 업라이트 스윙의 채를 선택할지 플랫 스윙의 채를 선택할지 결정하는 것이다. 이것은 향후 그 사람의 골프가 어떻게 발전되어 가는지에 지대한 영향을 미치기 때문이다. 수준 높은 전문가의 눈이 필요한 이유이다. 필자는 가능한 한 업라이트 쪽을 추천하는 편이다. 그렇게 출발해서 자기 스윙 스타일이 형성된 후에 세부적인 사항을 고려해서 정말 자기에게 맞는 채를 선택하면 좋을 것이다. 참고로 스윙 웨이트, 샤프트 경도 등이 같은 급으로 표시되어 있어도 제조 회사에 따라 특성이 다르다는 것도 염두에 두고 선택해야 한다.

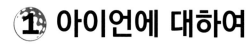 아이언에 대하여

(1) 재료

주조의 경우는 스테인리스 스틸이 많이 사용되고 관리가 편하다. 단조 헤드의 경우는 연철을 사용한다. 최근에는 연철이 아닌 다른 재질의 단조 헤드도 출시되고 있다.

(2) 제조 공법: 단조(Forging) 혹은 주조(Casting) 공법을 사용한다.

	단조	주조
방법	쇠를 두들겨서 만드는 공법	형틀에 녹은 쇳물을 부어 굳혀서 만드는 공법
재질	연철	단단한 금속, 주로 스테인리스 스틸
비거리	주조품에 비해 짧다.	단조품에 비해 길다.
공의 컨트롤	공의 컨트롤이 비교적 쉬워 드로나 페이드 등 여러 가지 공을 치기 쉽다. 중상급자들이 선호.	주조품에 비해 공의 컨트롤 특성은 떨어지는 편이나 요즘은 특성이 많이 개선되어 가고 있다.
관리	재질이 연하여 변형이 발생하기 때문에 주기적으로 점검하여 교정해 주어야 하며 운반에도 주의해야 하며 방청에도 신경을 써야 한다.	재질이 단단하여 변형이 거의 없고 방청에도 신경 쓸 필요가 없어 편하다.
수명	마모 때문에 수명이 짧다.	단조품보다 오래 쓸 수 있다.
가격	양산성이 떨어져 비싸다.	양산성이 좋아 저렴하다.

(3) 헤드 뒷면의 형태

아이언 클럽의 경우 세 가지로 분류할 수 있다.

| 머슬백 | 캐비티 |

포켓 캐비티

머슬백 타입(Mscle Back type)

　중심이 높아 탄도가 낮으며 스윗 스팟이 좁아 중심에 맞지 않았을 때 거리의 손실이 발생하고 방향성이 나빠져서 치기가 어렵다. 반면 스윗 스팟에 정확히 맞았을 때는 타구감이나 손맛이 좋고 공의 제어가 뛰어나다고 할 수 있다. (숙련자용)

캐비티 백 타입(Cavty Back type)

　헤드 뒷면의 주변이 두꺼운 테두리로 되어 있어 무게가 테두리 쪽에 많이 분포하게 되어 스윗 스팟이 넓게 되어 있다.

공이 중심점을 다소 벗어나서 임팩트해도 비교적 잘 날아간다. 즉 관용성(Forgiveness)이 좋다. 따라서 초중급자용으로 많이 만들어진다. 공을 띄우기 쉬운 반면 스윙 스피드가 어느 선 이상 빠르면 탄도가 너무 높아져 비거리의 손해를 보게 된다. 이런 현상을 줄이기 위해 하프 캐비티나 스플릿 캐비티형을 사용하기도 한다. 가장 흔한 디자인이다.

포켓 캐비티 타입(Pocket Cavity type)

헤드 뒷면 하부를 포켓 형태로 만들어 무게 중심을 낮추어 공이 쉽게 뜰 수 있고 방향성도 더욱 좋아졌다. 공의 컨트롤은 다소 떨어지기 때문에 정교함은 덜하다. 언더컷(Under cut)타입이라고도 한다.

(4) 솔(Sole)의 폭

솔이 두꺼우면 땅을 치더라도 깊이 파고들지 않고 튕겨 나와 공을 때릴 수가 있다. 솔이 얇으면 땅을 파고 들어 공을 때리지 못하게 되어 경우에 따라서는 비거리가 현격히 줄기도 한다. 그러므로 초급자용은 솔이 두껍다. 반면 공을 정확히 때릴 수 있는 수준이 되면 두터운 솔은 땅과의 마찰이 커져 헤드 스피드를 떨어뜨리게 되므로 상급자들은 얇은 솔의 채를 선택하게 된다.

솔 폭이 넓은 채   좁은 채

(5) 옵셋(Offset)

옵셋은 호젤(Hosel)의 앞부분에서부터 헤드 블레이드의 맨 앞 부분까지의 거리를 말한다.

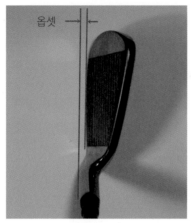

아이언 옵셋

옵셋이 크면 임팩트가 기준 시간보다 지연되고 옵셋 크기가 작으면 임팩트 시간이 빨라진다. 스윙 스피드가 느린 골퍼가 옵셋이 작은 채를 사용하면 훅성의 궤도가 되고 옵셋이 큰 채를 사용하면 임팩트가 지연되어(DelayHit) 슬라이스성의 궤도가 된다. 그러므로 다운스윙 스피드에 따라 옵셋 값을 선택해야 한다. 상급자는 옵셋이 작은 채를, 입문자는 옵셋이 큰채를 선택하는 것이 좋다. 아이언 세트에서 번호가 커질수록 옵셋은 작아진다. 옵셋이 클수록 탄도가 높아진다.

옵셋의 역할
① 옵셋이 있으면 무게 중심이 뒤로 가서 탄도가 높아진다.
② 임팩트 순간 헤드가 닫히게 해 준다.
③ 옵셋만큼 지연되므로 임팩트 순간에 스퀘어가 될 수 있는 시간을 가지게 된다.

(6) 샤프트의 유연성(Flexibility)

 스윙 스피드에 대해 적절한 유연성을 갖는 것이 좋다. 스윙 속도가 느린 사람은 좀 더 유연한 샤프트를, 힘 좋고 스윙 스피드가 빠른 사람은 강한 샤프트를 사용하는 것이 좋다. 스윙 속도에 대해 적당한 유연성을 갖는 것이 스윙 시 휘었다가 복원되는 힘이 보태어져 비거리가 더 길어진다. (Kick Back)

 따라서 강한 샤프트보다 자기에게 맞는 유연성의 샤프트의 채를 사용할 때가 더 긴 비거리가 나온다. 유연한 샤프트 일수록 비틀림(Torque)이 커서 오차도 커진다. 자신의 스피드에 맞는 유연성의 샤프트를 선택하는 것이 바람직하다. 힘이 좋고 스피드가 빠른 사람은 강하고 무거운 샤프트를 선택하는 것이 비틀림도 적고 좋다. 스윙 시 샤프트가 너무 지나치게 휘는 유연성의 샤프트는 공이 빗맞게 되어 좋지 않다. 반드시 자기 스윙 속도에 맞는 샤프트의 채가 필요한 이유이다.

(7) 아이언 세트의 원심력, 구심력, 관성에 대한 균형(Balance)에 대한 확인

 아이언 세트의 각 번호의 채를 같은 자세로 스윙을 해도 임팩트가 잘 되는지를 확인해 보는 것이다. 7번 쳐 보고 3번 쳐 보고 임팩트에 문제가 없는지를 확인해 보고 탄도 방향성 등 구질을 확인해 보는 것이다. 만일 3번이 없는 세트일 때는 세트 중 번호가 가장 낮은 채를 이용하면 된다.

② 드라이버에 대하여

 드라이버 선택에서 중요한 사항은 반발력이 높을 것과 관용성이 좋을 것이다. 헤드 페이스 면이 큰 쪽이 위 두 가지 항을 모두 좋게 할 수가 있어 헤드 크기가 커져 왔으나 460cc 정도 이상이면 속도가 늦어지기 때문에 크기의 한계로 보고 있다. 페이스 중심부와 주변 부위의 두께를 달리해서 스프링 효과를 키워 반발력을 크게 하고 있다. 헤드 페이스면의 형태에 따라 딥 페이스와 샬로우 페이스가 있다. 이에 대해서는 드라이버 페이스 형태에서 자세히 설명하겠다. 제조 방법은 단조와 주조의 두 가지가 있고 단조품은 보통 4부분으로 나누어 만든 것을 용접해서 만들기 때문에 이음부가 많아 깨지기 쉬운 점이 있고 타구음이 퍽퍽하는 소리이고 주조품은 페이스면이 깨지는 것 외에는 견고하며 맑은 타구음이 난다. 선택은 전문가와 함께 실제로 공을 쳐보고 결정하는 것이 제일 좋은 방법이라 생각한다. 무리 없이 부드럽게 스윙할 수 있는지, 다운스윙하는 구간에서 왼팔을 곧게 펴는데 문제가 없는지, 샤프트가 너무 뻣뻣하거나 낭창거리지 않는지 등을 점검하고 가장 중요한 것은 임팩트 때 반발 없이 공을 밀고 나가야 한다는 것이다. 비유하자면 망치로 금속 구슬을 칠 때 반발 없이 구슬이 튀어 나아가는 느낌이라고 할 수 있을까. 하프 스윙을 하든 풀 스윙을 하든 그런 느낌으로 공을 쳐내는 드라이버가 좋은 드라이버라 할 수 있겠다. 그리고 라이 각과 로프트 각, 헤드 뒷부분의 무게를 바꿀 수 있는 드라이버도 판매되고 있다. 라이 각을 자기 체형에 맞게 할 수가 있고 탄도 조정이 가능하여 편리한 점이 있다. 탄도는 로프트 각에 따라 달라지기도 하지만 헤드 뒷부분의 무게를 무겁게 바꾸면 탄도가 높아진다. 물론 스윙 웨이트도 바뀐다. 같은 헤드라도 샤프트의 특성(무게, 유연성)에 따라 스윙할 때 많은 차이가 있기 때문에 반드시 자신에게 편안한 것을 택해야 한다.

③ 채를 선택할 때 검토 항목

채는 약간 무게감이 있는 쪽을 택하는 것을 추천한다. 스윙의 궤도가 안정적이기 때문이다. 그리고 올바른 스윙을 하면 어느 범위의 무게까지는 특별히 무겁게 느끼거나 스윙에 부담이 되지는 않는다.

(1) 스윙 웨이트

스윙할 때에 느껴지는 무게감(관성 모멘트)이다. 스윙 궤도 형성에 상당한 영향을 미치는 중요한 사항이다. 입문자가 판단하기 어려운 사항이기도 하다. 참고로 젊은 남성이면 D0~D2 정도로, 연세 있으신 분이면 C6~D1 정도로 여성의 경우는 C3~C9

정도로 선택함이 좋을 것이다. 절대적인 것은 아니며 스윙했을 때 부담스럽지 않고 편안하면 좋다. 주의할 것은 같은 스윙 웨이트표시라도 제조사에 따라 채의 자중은 다르다는 점이다. 너무 가벼운 것은 피하는 게 좋다.

(2) 샤프트의 경도

채를 선택할 때에도 채를 만들 때에도 매우 중요한 사항이다. 각자의 스윙 스피드와 맞는 것을 선택해야 한다. 샤프트에 적정 스피드 범위를 표시한 것도 있고 샤프트 스펙에 표시 하는 것이 일반적이다. 일반적으로 R(Regular), S(Stiff), L(Ladies) 등으로 표시되어 있다. 일반 남성은 R을 택하는 것이 무난하고 힘이 좋은 사람은 S를 택해야 한다. 여성은 L을 택하면 된다. 단지 같은 R이라도 제조사에 따른 차이가 있으므로 스윙을 해보고 정할 필요가 있다.

너무 뻣뻣하게 느끼거나 너무 낭창거리지 않고 부드러운 스윙이 되면 좋다.

(3) 채의 자중

채 자체의 무게는 정말 다양하다. 스윙해 보아서 무겁다는 느낌이나 가벼워서 날리는 듯한 느낌이 아니면 좋다. 약간 무게감이 느껴지는 것, 즉 약간 무거운 쪽이 좋다.

(4) 라이 각

스윙 스타일이 업라이트 스윙이냐 플랫 스윙이냐에 따라 선택해야 할 사항이다. 시작할 때는 표준 라이 각의 채를 선택해서 할 수도 있다. 앞에서도 언급했지만 필자는 업라이트 쪽을 추천한다. 표준 라이 각보다 크면 업라이트용이고 표준 라이 각보다 작으면 플랫 스윙용이다. 단조 아이언은 강제로 라이 각을 1~2° 조정할 수 있다. 드라이버의 경우는 라이 각과 로프트 각을 조정 세팅할 수 있는 채도 판매되고 있다. 자신에게 맞지 않는 라이 각의 채를 사용하면 토우나 힐이 들린 상태로 임팩트하게 되어 공이 빗나가게 된다.

라이 각의 선택

　입문시에는 성별과 체형 특히 키를 보아 선택할 수밖에 없겠으나(전문가의 도움이 필요) 자신의 스윙 스타일이 형성되었을 때에는 임팩트 테잎을 이용하여 임팩트 순간의 헤드 각도를 측정하여 자신에게 맞는 라이 각의 채를 선택할 수가 있다. 아래 그림은 임팩트 순간의 헤드 각도에 따라 공의 방향이 달라지는 것을 그린 것이다. 바른 방향의 탄도를 얻기 위해서는 자신에게 맞는 라이 각의 채를 사용해야 한다.

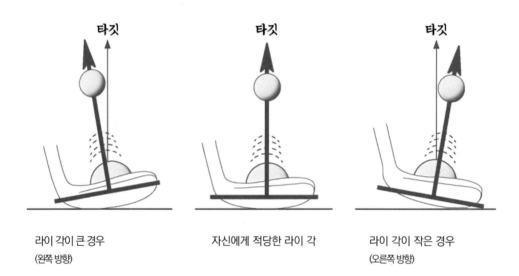

라이 각이 큰 경우	자신에게 적당한 라이 각	라이 각이 작은 경우
(왼쪽 방향)		(오른쪽 방향)

　이런 측정은 자신의 스윙 스타일이 굳어진 뒤에 측정하는 것이 좋고 측정 결과에 따라 일부 채의 라이 각을 변경하든지 채 전체를 교체 해야 할 수도 있다. 이때 주의해야 할 사항은 몸의 피로도와 상태에 따라 측정 결과가 왔다갔다 할 수 있기 때문에 몸의 상태가 좋을 때 측정하여 채를 선택하고 항상 채에 맞추어 스윙하는 습관을 가지도록 하는 것이 좋다. 공이

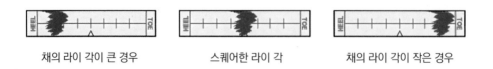

채의 라이 각이 큰 경우	스퀘어한 라이 각	채의 라이 각이 작은 경우

임팩트 순간의 실제 라이 각과 공의 방향, 임팩트 테이프를 이용한 측정

잘 안 맞을 때에는 채를 탓하기보다 자세와 스윙 폼을 먼저 교정하는 것이 바람직하다.

임팩트 순간 라이 각이 1°변하면 100m 정도 거리에서 2~3m 정도 벗어나게 된다.

(5) 로프트 각

탄도와 비거리, 백스핀과 관계가 있는 사항이다. 목표 지점에 공을 보내는 정확도를 높이려면 로프트 각이 높은 쪽이 유리하다. 표준 로프트 각을 택하는 것이 좋겠다. 낮은 로프트 각은 탄도가 낮고 대신 구르는 거리가 길어진다. 거리는 약간 더 얻을 수 있으나 얼마나 구를지는 공이 떨어진 주변 상태에 따라 크게 다르기 때문에 정확히 목표 지점에 보내는 데에는 불리하게 된다.

(6) 드라이브 헤드 페이스 형태

취향과 구질에 따라 선택하면 좋다고 생각한다.

1. **딥 페이스**(Deep Face): 페이스가 위 아래로 넓고 무게중심이 페이스 면과 가깝고 탄도가 낮아지는 경향이 있다. 따라서 런이 많게 될 수가 있다.

2. **샬로우 페이스**(Shallow Face): 페이스 면이 좌우로 넓고 무게중심이 낮아 공의 탄도가 높게 되고 스윗 스팟이 넓다. 따라서 관용성(Forgiveness)이 좋다.

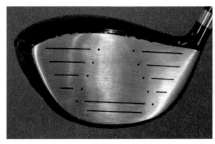

딥 페이스

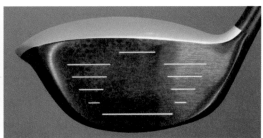

샬로우 페이스

벌지(Bulge)

드라이버의 페이스가 불룩하게 되어 있는 것을 말한다. 이것은 스윗 스팟을 벗어난 위치에서 임팩트가 되었을 때에 공에 회전이 발생하여 공이 목표쪽으로 휘어 오게 하기 위해서 의도적으로 표면을 약간 불룩하게 만든 것이다. 공이 토 혹은 힐의 끝쪽에 맞았을 때에는 심한 훅이나 슬라이스가 발생하기도 한다.

임팩트 위치에 따른 탄도

(7) 기타

헤드 옵셋, 헤드 페이스, 프로그레이션, 헤드 숄의 크기 등은 전문가의 조언을 받는 것이 바람직하다.

④ 드라이버의 선택

무게: 스윙했을 때 채가 너무 무겁다는 느낌, 즉 지나치게 버겁다는 느낌이 들면 자기에게 무거운 것이다. 반대로 날리는 듯한 느낌의 것은 자기에게 가벼운 것이다. 어떻든 약간의 무게감이 있는 쪽이 궤도의 안정성 등에서 좋다.

스윙 웨이트: 힘이 있는 젊은 남성은 Do~D2 정도, 연세 있으신 분은 C6~D1 정도, 여성의 경우는 C3~C9 정도에서 찾으면 좋을 것이다. 스윙 웨이트는 스윙할 때 거부감으로 나타나므로 축의 회전에 무리가 오면 스윙 웨이트가 자신에게 무거운

것이고 힘이 가해지는 느낌이 없이 몸이 돌면 가벼운 것이라고 판단하면 좋다. 다운스윙할 때 벅차다는 느낌 없이 힘이 가해지는 느낌이 있으면 맞는 것이다.

(1) 샤프트 경도(Flexibility)

샤프트 경도의 분류

X: Extra

S: Stiff

SR: Stiff/Reguler

R: Reguler

A: Average

L: Ladies

샤프트에 표시된 X, S, SR, R, A, L,은 참고로 하고 스윙해보고 약간 유연하고 편안하게 느끼는 쪽을 택할 것을 권한다.

참고(비거리에 따른 샤프트 경도의 선택)

250Y 이상 - S   200~230Y - A(Senior)

230~250Y - R   200Y이하 - L

샤프트의 경도가 자신에게 맞지 않으면 스윙이 불편하게 느껴진다. 매우 일반적인 판단 방법.

매우 일반적인 이야기이긴 하지만 참고로 하면 좋을 것이다. 같은 헤드 스피드 범위라도 스윙이 빠른 사람은 강한 샤프트, 스윙이 느린, 부드러운 스윙을 하는 사람은 유연한 샤프트가 좋다. 탑에서 빠르게 다운으로 전환하는 사람은 강한(X, S, SR) 샤프트가 좋다. 바른 스윙을 했는데도 공의 방향이 왼쪽이면 현재 사용한 것보다 강한(SR, R, A, L) 샤프트쪽으로 검토할 필요가 있다. 공의 방향이 오른쪽이면 보다 유연한 샤프트가 좋다.

(2) 드라이브의 페이스 형태

딥 페이스: 아래 위 폭이 높은 것. 컨트롤이 좋다. 관용성은 좋지 않다. 공과의 접촉 시간은 긴 편이다.

샬로우 페이스: 페이스가 가로로 긴 형. 공격시 바로 반응 곧 바로 공이 튕겨 나간다. 관용성이 좋다.

라이 각: 58~60° 정도에서 선택할 것을 추천하나 체격과 스윙 스타일에 맞게 선택하면 좋다. 채의 라이 각에 맞게 어드레스 자세를 취했을 때 축의 회전이 무리 없이 부드럽게 되는 쪽이 좋다. 라이 각이 작아 쓸어 치는 것은 물론, 반대로 라이 각이 커서 뻣뻣하게 일어선 자세로 스윙하는 것도 바람직하지 않다.

로프트 각: 드라이버의 로프트 각은 잘 선택해야 한다. 탄도와 비거리에 영향을 주기 때문이며, 라운딩할 때 오로지 하나의 드라이버만 사용하기 때문이기도 하다. 탄도를 봐가며 선택하는 것이 좋다. 시중에는 8~12° 정도의 것들이 나와 있다. 또 각을 조정할 수 있도록 된 드라이버도 있다. 아마추어 골퍼 남성은 10.5°를, 여성은 11.5°를 많이 선택하지만 체격과 힘이 좋은 남성은 9.5°를 택하는 것이 바람직하다.

아무튼 드라이버는 스윙할 때 Loading(부하가 걸리는)감이 느껴지며 편안한 스윙이 되는 것이 좋다. 또 임팩트 때 반발감 없이 공을 밀고 가는 것이 좋다.

(3) 아시안 스펙, 아메리칸 스펙

우리 나라에서 시중에 판매되고 있는 골프채는 대부분이 아시안 스펙이다. 아시안 스펙이 모든 사람에게 다 맞는 것은 아니다.

샤프트의 강도: 아메리칸 스펙이 한 단계 정도 강하다. 아메리칸 스펙의 R은 아시안 스펙의 S와 비슷하다. 평균 속도보다 스윙 속도가 빠른 골퍼의 경우 아메리칸 스펙이 더 잘 맞을 수 있다.

채의 무게: 아메리칸 스펙이 좀 더 무겁다. 서양인들이 동양인보다 대체적으로 근력이 세기 때문일 것이다. 동양인이라도 체격이 크고 근력이 좋은 사람은 아메리칸 스펙의

채가 좋을 수 있다. 스윙 웨이트(스윙할 때 느끼는 무게감)는 샤프트에 따라 다르므로 자기에게 맞는 샤프트를 반드시 선택할 필요가 있다.

라이 각: 아이언의 경우 아메리칸 스펙이 1~2° 더 크다. 아메리칸 스펙 5번 아이언의 경우 62~63° 정도이다. 서양인의 키가 크기 때문이다. 동양인이라도 180cm전후의 키라면 아메리칸 스펙이 자세가 편할 수 있다. 발 간격을 어깨 넓이로 해서 선 다음 지면에서 손목까지가 83~86cm라면 아시안 스펙을, 89~92cm라면 아메리칸 스펙을, 86~89cm의 경우는 스윙을 보아 업라이트 스윙이면 아메리칸 스펙을, 플랫 스윙이면 아시안 스펙을 택하면 좋을 것이다. 라이 각의 선택은 스윙 형태와 키를 보고 정하면 좋을 것이다.

그립의 굵기: 아메리칸 스펙이 더 굵다. (장갑 24~25호) 23호 이하는 아시안 스펙. 손이 너무 작거나 큰 사람은 별도로 조정할 필요가 있다.

라이 각: 58~60° 정도에서 선택할 것을 추천하나 체격과 스윙 스타일에 맞게 선택하면 좋다. 채의 라이 각에 맞게 어드레스 자세를 취하고 축의 회전이 무리 없이 부드럽게 되는 쪽이 좋다. 라이 각이 작아 쓸어 치는 것은 추천하고 싶지 않고 반대로 라이 각이 커서 뻣뻣하게 일어선 자세로 스윙해야 하는 것도 비추천이다.

로프트 각: 드라이버의 로프트 각은 잘 선택해야 한다. 탄도와 비거리에 영향을 주기 때문이며 라운딩할 때 오로지 하나의 드라이버만 사용하기 때문이기도 하다. 시중에는 8~12° 정도의 것들이 나와 있다. 또 각을 조정할 수 있도록 된 드라이버도 있다. 아마추어 골퍼 남성은 10.5°를, 여성은 11.5°를 많이 선택하지만 체격과 힘이 좋은 남성은 9.5°를 택하는 것이 바람직하다. 아무튼 드라이버는 스윙할 때 Loading(부하가 걸리는)감이 느껴지며 편안한 스윙이 되는 것이 좋다. 또 임팩트 때 반발감 없이 공을 밀고 가는 것이 좋다.

신상품 드라이버
상품명: 트위스트 페이스(Twist face) 2018년 발표
개발 회사: 테일러 메이드

Key Point: 드라이버의 헤드 페이스 면을 비틀음.(지금까지의 헤드 페이스는 가운데가 볼록하게 되어 있음.-Bulge)
지금까지의 드라이버 페이스는 가운데가 볼록하게 되어 있다. 이것은 공이 토우(Toe) 쪽에 맞았을 경우 공과 충돌한 면이 확 밀리면서 훅 스핀이 걸리게 되어 왼쪽으로 휘어지게 된다. 그러나 공이 충돌한 페이스 면이 열려 있기 때문에 공은 오른쪽으로 출발하게 되지만 훅스핀이 걸린 공은 가운데 쪽으로 오게 되는 것이다. 공이 힐(Heel)쪽에 맞았을 경우는 위 설명과 반대 현상이 발생하게 된다. 가운데가 볼록한 페이스는 공을 스윗 스팟에 맞히지 못한 공을 해결해주는 한 방법이 되는 셈이다. 그러나 테일러 메이드는 오랫동안 축적된 데이터를 통해 이 효과가 실제로 실현되지 않는다는 결론에 이르렀다는 것이다.
임팩트 때 공이 페이스 면에 많이 충돌하는 부분이 어디인가를 통계에 의해 찾고 이 결과로 열려 있던 토우 윗부분을 더 열고 닫혀 있던 힐 아래 부분은 더 닫았다. 유명 프로 선수들의 시타 결과가 좋았다고 한다.

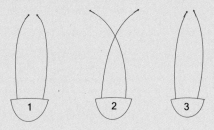

① 벌지 스윙 머신으로 공을 쳤을 경우.
② 벌지 사람이 공을 쳤을 경우.
③ 트위스트 페이스 프로 선수가 쳤을 경우.

아시안 스펙은 라이 각이 표준 각보다 작은 것이 많다. 라이 각이 표준보다 작은 것은 '탄도가 낮아 거리의 정확도가 떨어지므로 추천하지 않는다.'

드라이버의 경우 샤프트의 특성은 스윙할 때에 매우 중요하므로 선택에 신중을 기해야 한다. 동일한 헤드에 특성이 다른 샤프트를 장착하여 스윙해 보면 전혀 다름을 알 수 있다. 샤프트만을 선택할 때나 교체할 때는 전문가와 상의하는 것이 좋다. 아무튼 느낌이 편하게 느껴지는 샤프트여야 한다.

⑤ 아이언의 선택(입문자의 예)

1. 스테인리스 스틸 주조 품.

2. 포켓 캐비티 타입.

3. 솔의 폭이 약간 넓은 것.

4. 옵셋은 중간 정도(5~6mm 아이언 5번).

5. 샤프트 Flex.

    남성: R혹은 A(유연함)

    여성: L(부드러움)혹은 A(유연함)

6. 스윙 웨이트.

    젊은 남성: C9~D2 정도

    연세 있는 남성: C6~D0 정도

    여성: C3~C9 정도

    상기 추천 범위를 참고하여 선택.

7. 채간 무게 균형 확인. 입문자는 거의 불가하므로 전문가의 도움이 필요함.

8. 표준 라이 각보다 1~2° 큰 것을 추천.

9. 약간 무겁다고 느끼는 채(다음 교체 시기가 길어진다.).

⑥ 퍼터의 선택

골프에서 "퍼팅은 돈이다."라는 말이 있다. 이는 퍼팅이 스코어에 미치는 영향이 매우 크다는 의미라고 할 수 있겠다. 이는 퍼터(Putter)의 선택도 그만큼 신중히 해야 한다는 의미를 가지고 있다. 그러나 일반 골퍼들은 의외로 퍼터의 선택을 가볍게 생각하는 경향이 있는 것 같다. 퍼터를 선택할 때 고려해야 할 사항은 스윙 궤도, 헤드 모양, 헤드 무게, 네크의 형태, 길이, 옵세트, 라이 각 등이며 스윗 스팟이 넓은 것을 선택하는 것이 바람직하다. 퍼터 선택에서 가장 염두에 두어야 할 사항은 자신의 퍼팅 스트로크의 궤도가 어떤 모양인가 하는 것이다. 이는 직선형과 부채꼴로 나눌 수 있다. 부채꼴형의 경우는 사람에 따라 여러 가지 반경의 원호로 형성되므로 각각 이에 맞는 퍼터를 선택해야 한다.

(1) 궤도

먼저 자신의 퍼팅 궤도를 알고 이에 맞는 퍼터를 선택해야 한다. 궤도를 측정하기 위해서는 측정기계를 이용하는 방법이 있고 실제로 스트로크를 해 보며 판단하는 방법이 있다. 그린과 같은 조건에서 공을 토우 쪽과 힐 쪽에 놓고 동일한 속도로 공을 쳐보아 토우 쪽에 놓았을 때 멀리가면 부채꼴 형, 힐 쪽에 놓았을 때 멀리가면 직선형 궤도로 판단하면 된다. 그러나 퍼팅은 워낙 예민한 동작이라 퍼팅하는 곳에 가서 하는 것이 바람직하다.

1. 헤드의 움직임이 직선인 경우 (말렛형 퍼터가 적당)
2. 헤드의 움직임이 부채꼴인 경우 (블레이드형 퍼터가 적당)
3. 헤드의 움직임이 부채꼴이며 2.보다 더 휘어진 경우
   (블레이드형 퍼터가 적당하다. 퍼터 샤프트의 무게 중심을
   받쳤을 때 헤드 페이스 면이 그보다 더 기울어진 퍼트가 적당)

일반적으로 퍼팅 어드레스 자세를 취할 때 허리를 수평에 가깝게 굽히는 사람은 궤도가 직선에 가까워지고 수직에 가깝게 펴는 사람은 부채꼴 궤도가 된다. 반드시 그런 것은 아니지만 궤도가 휘는 정도는 허리를 구부린 정도, 팔과 몸 간의 거리에 따라 달라지기도 한다.

궤도가 부채꼴 형이면 블레이드형 헤드에 네크형태는 플럼버 네크나 플레어 팁형태, 일직선 궤도면 말렛형 헤드에 노 호젤 형이나 센터 샤프트형을 택하는 것이 좋다. 단 블레이드형은 궤도 곡율에 따라 여러 종류가 있다. 채의 무게 중심을 받쳤을 때 페이스 면이 기울어지는 정도에 따라 많이 기울어질수록 곡율이 큰 쪽의 사람에게 적합하다.

(2) 헤드 모양

자신의 퍼팅 궤도가 부채꼴형이면 블레이드형을, 직선형이면 말렛형을 택하면 좋다. 양쪽 모두 다양한 모양이 있으므로 디자인은 취향에 따라 선택할 수 있다.

(3) 라이 각

편안한 자세를 취했을 때 힐이나 토우가 들리지 않는 각도를 선택하는 것이 좋다. 70° 정도.

(4) 네크 형태

1. **플럼버 네크**(Plumber Neck) : 왼손으로 리드하면서 퍼팅하는 사람에 적합하며 스트로크 궤도가 약간 부채꼴인 사람에게 적합하다.

2. **플레어 팁 네크**(Flare Tip Neck) : 옵셋이 없고 헤드 페이스가 축을 중심으로 부채꼴로 움직이는 인-스퀘어-인을 매우 정확히 사람에게 적합하다. 따라서 느낌에 충실한 골퍼에 적당.

3. **노 호젤 형**(No Hosel) : 반달형 헤드에 많이 적용하는 네크이며, 헤드가 직선으로 움직이는 스트로크를 하는 골퍼에게 적합하다.

4. **센터 샤프트 네크**(Center Shaft Neck) : 어드레스 자세에서 허리를 더 굽히게 되면 손의

위치가 낮게 되어 좀 더 안정적인 퍼팅을 할 수 있게 된다. 또 어드레스 때 공을 보내고자 하는 방향에 맞추기가 쉽다.

플럼버 네크

플레어 팁 네크

노 호젤 형

센터 샤프트 네크

네 가지 네크

(5) 무게

 스트로크해서 부담스럽지 않은 무게를 택하고 가벼워서 궤도가 불안정하게 되는 것은 피하면 좋다. 350g 정도가 적당하다.

(6) 길이

 어드레스 자세나 스트로크할 때 편안한 정도의 길이를 선택하면 좋다. 키가 185cm이상이면 36인치 정도, 175~185cm이면 34~35in 정도, 175cm이하이면 33인치 정도를 택하면 좋다.

(7) 옵셋

Full Shaft 옵셋이나 Half Shaft 옵셋을 선택함이 무난하다.

옵셋이 클수록 임팩트가 지연된다.

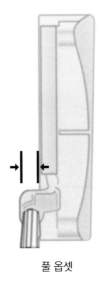
풀 옵셋

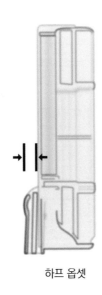
하프 옵셋

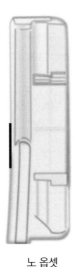
노 옵셋

(8) 로프트 각

4° 정도를 선택하는 것이 무난하다.

(9) 퍼터의 밸런스(Face Balance)

1. **페이스 밸런스 퍼터**(Face Balanced Putter) : 퍼터 샤프트의 무게중심점을
   손가락으로 받쳤을 때 퍼터 페이스가 하늘로 향하면 페이스 밸런스 퍼터이고
   말렛형 퍼터가 이렇게 만들어져 있다. 직선형 스트로크를 하는 골퍼에 적합한
   퍼터이다.

2. **힐-토우 웨이티드 퍼터**(Heel-Toe Weighted Putter) : 샤프트의 무게중심점을 손가락으로
   받쳤을때 토우가 땅 쪽을 향하면 힐-토우 웨이티드 퍼터이다. (블레이드형이
   대부분이고 토우가 기울어지는 정도는 여러 가지가 있고 스트로크의 호(Arc)의 반경이 작을수록
   많이 기울어진 것을, 호의 반경이 클수록 즉 직선에 가까울수록 덜 기울어진 퍼터를
   선택하면 된다.) 헤드가 45°기울어진 퍼터를 포티파이브(45) 디그리 행거 퍼터(Forty-
   Five Hanger Putter)라고 부르기도 한다.

말렛형 퍼터

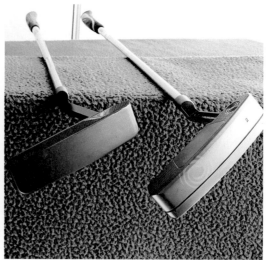

블레이드형 퍼터

블레이드형 퍼터도 직선에 가까운 궤도로 스트로크하도록 만들어진 것도 있다. 이런 블레이드형 퍼터는 라이 각이 말렛형 퍼터처럼 크고 샤프트를 받쳤을 때에 페이스가 기울어지는 각도가 작다.

터치감: 페이스를 밀링 가공한 것이 단단하여 감이 좋다.

모양에 따라 Wing type Putter, Heel-Toe weighted Putter, Mallet Putter 로 구분되기도 한다.

입문자의 선택: 자신에 편안한 자세에 맞게.

구력이 있는 사람: 이미 형성된 자세에 맞게.

⑽ 아이언 세트의 원심력과 관성에 대한 밸런스

아이언 세트는 채의 번호에 관계없이 똑같은 어드레스 자세와 스윙 폼으로 스윙해도 관성과 원심력, 구심력에 의해서 공을 잘 맞추게 되어 있다. 이 특성을 확인해 보는 것이다. 상당한 수준으로 숙련된 사람이라야 가능하다. 주의해야 할 사항은 채 번호가 커질수록 스윙 플레인의 기울기가 조금씩 크다는 점이다.

필자는 아이언 세트를 선택할 때에 위 사항들을 충분히 검토 한 후, 7번 아이언을 스윙해 보고 동일한 자세와 스윙으로 3번 아이언을 스윙해보아서 세트의 밸런스를 시험해 보고 결정을 한다.

중고샵에 가면

많은 수량의 중고 골프채가 진열되어 있는 것을 볼 수 있다. 스윙을 해 보면 대부분이 가볍다는 느낌이 온다. 즉 채가 가볍다. 왜일까? 입문할 때에 많은 비율의 사람들이 가벼운 채를 구입 했다가 어느 정도 스윙이 되면 근육이 강해져 가볍다고 느껴 무거운 채로 교체하기 때문이라고 생각된다. 처음부터 자신에게 무게가 있는 채를 선택했다면 바꾸지 않아도 될 것을 아마도 처음에는 가벼운 채가 마음대로 할 수 있다고 생각했기 때문이 아닐까? 처음부터 약간 무거운 채를 선택했다면 다시 교체 안 해도 될 것을 골프채의 추천하기는 그만큼 어렵고 부담스러운 일이다.

골프채의 수명

골프채는 사용 횟수가 늘어남에 따라 샤프트와 헤드 표면의 피로도가 증가하게 되어 성능이 저하하게 된다. 샤프트는 탄성이 떨어지며 헤드의 금속 조직의 변화에 의해 반발 계수가 낮아진다. 또 표면도 마모가 진행된다. 수명은 사용 상태에 따라 달라지며 비거리가 줄고 둔탁해지며 탄력이 줄면 수명이 다 했다고 판단해야 한다.

시작할 때의 골프채

입문할 때 골프채는 대체적으로 가벼운 채를 선택하기 때문에 얼마 안 가서 바꾸기 마련이다. 골프 스윙을 할 때는 평소에 자주 쓰지 않는 근육을 사용하기 때문에 처음에는 힘이 부족하다가 스윙 연습을 해 감에 따라 힘이 세어지면 채가 가볍게 느껴지므로 바꾸어야 된다. 주변에 골프하는 분이 있으면 그분이 사용하지 않는 채를 빌려서 시작하는 것이 바람직하다. 대체적으로 골프하는 분들은 사용하지 않는 채가 있는 경우가 많기 때문이다. 이렇게 해서 골프라는 것을 좀 파악한 후에 새로운 채를 마련하면 좋을 것이다. 또 한 가지는 라이 각이 표준 품 보다 2° 정도 큰 채를 선택하는 것을 추천한다(아메리칸 스펙). 라이 각이 작으면 탄도가 낮아 구르는 거리는 다소 길어진다. 페어웨이가 평지나 내리막일 경우다. 따라서 목표 지점에 접근시키기가 어렵게 된다. 다른 한 가지는 다운스윙할 때 힘을 가하기가 어렵게 된다. 라이 각이 작으면 플랫스윙이 되어야 하고 플랫스윙을 할 때는 원심력의 수평 분력 성분이 커져서 임팩트가 불안정해진다.

6

골프 코스 및
경기 관련 사항

① 골프공

골프공을 만들 때 압축강도에 따라 단단하기가 정해진다. 공의 단단한 정도도 골퍼의 헤드 스피드에 맞게 선택하는 것이 비거리에 유리하다. 이 압축의 정도를 일반적으로 세 가지로 분류하여 표시한다. 공 표면의 딤플은 비거리를 증가시키는 역할을 하며 모양의 크기와 깊이는 최적치가 있으며 회사에 따라 다르다.

파랑: 로(Low). 입문자용. 압축 70 이하(실 가압 370파운드 이하)

빨강: 미들(Middle). 중급자용. 70~90(실 가압 370~390 파운드)

검정: 하이(High). 하드 히터 용. 90 이상(실 가압 390파운드 이상)

골프공의 무게 중심
골프공의 실제 무게 중심이 기하학적 무게 중심과 일치하기는 매우 어렵다. 이것은 탄도에 영향을 줄 수 있고 실험 결과 퍼팅에도 영향을 준다고 되어 있다. 따라서 공을 부력이 큰 액채에 담궈서 위로 뜨는 쪽(가벼운 쪽)에 표시를 해서 판매하기도 한다. 드라이버로 티 샷할 때는 공의 가벼운 쪽을 목표를 향하게 놓고 치고 퍼팅할 때는 가벼운 쪽을 위로 향하게 놓고 치면 된다.

골프공도 세월의 흐름에 따라 여러 가지로 발전해 가고 있다. 그만큼 선택의 폭이 넓어져 가고 있다. 2피스 공은 비거리가 좋고 3피스, 4피스 공은 비거리는 다소 떨어지지만 타구감이 부드럽고 백스핀이 많아 상급자나 프로선수들이 많이 사용한다. 공의 코어를 몇 겹으로 했느냐에 따라 2피스, 3피스, 4피스 등으로 구분한다.

② 골프 코스

골프장의 골프 코스는 18홀이 일반적이며, 홀마다 기준 타수가 정해져 있으며 이 기준 타수를 파(Par)라고 하며 홀의 길이에 따라 기준 타수는 3~6사이로 정해져 있다.

쇼트홀: 기준타수3(파3) 길이 229m 이하
미들홀: 기준타수4(파4) 길이 230 ~ 430m
롱홀: 기준타수5(파5) 길이 431m 이상
파6의 홀도 있으나 많지는 않다.

18홀 코스의 구성
쇼트홀: 6홀
미들홀: 8홀
롱홀: 4홀
계: 18홀 로 구성 되어 있다.
따라서 18홀의 기준 타수는 72가 된다.

파를 기준으로 많이 친 것과 적게 친 경우 다음과 같이 부른다.
−3 알바트로스(Albatross)
−2 이글(Eagle)
−1 버디(Birdie)
0 파(Par)
+1 보기(Bogey)
+2 더블 보기(Double Bogey)
+3 트리플 보기(Triple Bogey)

③ 순위의 결정

잘하는 사람도 시작하는 사람도 평등하게 이길 수 있는 기회를 주기 위하여 플레이어의 능력을 나타내는 핸디캡(Handicap)을 산출해 놓고 그날 친 타수에서 각자의 핸디캡을 뺀 나머지 숫자로 순위를 결정 하며 숫자가 작을수록 높은 순위에 오른다. 즉 본인의 평소 실력보다 얼마나 잘 쳤는지를 가지고 겨루는 것이다. 그날 친 총 타수를 그로스 또는 토탈이라고 하며 총 타수에서 자기 핸디캡을 뺀 나머지를 넷트 또는 넷트 스코어라고 한다.

핸디캡의 산출 방법
코킨즈 방식, 캘러웨이 방식, 페리어 방식 등이 있으나 가장 일반적인 코킨즈 방식을 소개한다. 같은 코스에서 가장 잘 친 스코어 5회분을 평균하여 평균치에서 코스의 파를 빼고 나머지 수치에 0.8을 곱한 것을 핸디캡으로 하는 방법이다.
예를 들면
파 72의 코스에서 가장 잘 친 스코어 5개가 90, 92, 95, 95, 96이었다면
이들의 평균은 (90+92+95+95+96)/5=93.6
파를 빼면 93.6-72=21.6
0.8을 곱하면 21.6×0.8=17.28
반올림 하여 17이 핸디캡이 되는 것이다.

④ 골프 예절(Etiquette)

골프는 신사의 스포츠로 에티켓이 가장 중요하다. 그 첫째가 안전의 확인이다. 연습 스윙이나 스트로크에 앞서 가까운 곳에 다칠 만한 사람이 아무도 없는지 반드시 확인해야 한다. 또 스트로크나 연습 스윙에 의해 공, 돌, 나뭇가지 등이 날아갈 가능성이 있는지도 반드시 확인해야 한다.

둘째 다른 플레이어에 대한 배려이다. 오너인 플레이어는 동반 플레이어에 대해

우선적으로 플레이할 수 있는 권한을 가진다. 플레이어가 어드레스하거나 볼을 치고 있는 동안은 다른 사람은 움직이거나, 말을 하거나, 볼 또는 홀의 근처나 플레이어의 바로 뒤에 서서는 안 된다. 플레이어는 다른 모든 사람들을 위하여 신속히 플레이해야 한다. 전방의 사람들이 공의 도달 거리 밖으로 나갈 때까지 공을 쳐서는 안 된다. 공을 찾다가 쉽게 찾지 못 할 것 같으면 뒤의 팀을 먼저 보내도록 신호해야 하며 5분 이상 경과하면 안 된다. 앞지른 조가 공의 도달 거리 밖으로 나갈 때까지 공을 쳐서는 안 된다. 매 홀의 플레이가 끝나면 즉시 퍼팅 그린을 떠나야 한다.

1) 코스의 선행권

별도로 정하지 않는 한 2명조는 3명조 또는 4명조에 우선권을 가지며 앞지를 권리도 가진다. 단독 플레이어는 어떠한 권한도 없으며 어떤 조에게든 양보해야 한다. 진행이 늦어 앞 조와 1홀 이상의 간격이 생긴 경우는 뒷 조를 패스시켜야 한다.

2) 코스의 보호

플레이어는 벙커를 나오기 전에 자기가 만든 발자국이나 파인 구멍 등을 모두 원상태로 고쳐 놓아야 한다. 플레이어는 뜯겨진 잔디를 즉시 제자리에 놓고 밟아 주어야 하며 볼에 의해 상처를 입은 퍼팅 그린을 세심히 고쳐 놓아야 한다. 스파이크에 의해 그린이 손상을 입게 걸어서는 안 되며 손상은 플레이 후에 고쳐 놓아야 한다. 골프 백은 퍼팅 그린 위에 놓지 않도록 하는 것이 좋으며 깃대를 퍼팅 그린에 놓을 때 상하지 않게 주의해야 한다. 퍼팅 그린 위에서는 여타의 그린이 손상되거나 손상될 가능성이 있는 행동은 해서는 안 된다. 깃대는 퍼팅 그린을 떠나기 전에 홀의 중심에 제대로 세워야 한다. 퍼터로 그린을 짚어서 그린을 손상해서는 안 된다.

⑤ 골프 플레이 규칙(Rules)

골프 규칙은 복잡하게 세분화되어 있다. 이것을 다 외운다는 것은 불가능하므로 골프백 등에 규칙 책을 넣어두고 필요할 때에 참고해야 하지만 주말 골프의 경우는 캐디의 도움을 받을 수도 있다. 일반 골퍼가 라운딩하면서 필요한 기본만 소개하기로 한다.

공은 놓인 그대로의 상태에서 쳐야 한다. 공이 숲 속이나 나무뿌리, 나뭇가지, 등 치기 어려운 곳으로 들어갔더라도 치기 쉬운 장소로 공을 옮겨 놓고 칠 수는 없다. 코스는 있는 그대로의 상태에서 플레이해야 한다. 공이 숲으로 들어갔을 때 앞의 나뭇가지가 방해가 되더라도 그 나뭇가지를 꺾거나 캐디에게 누르라고 시켜서는 안 된다. 공은 클럽으로 바로 친다. 공을 슬쩍 주워 올리거나 차거나 치기 쉬운 장소를 향해 클럽으로 밀거나 당기거나 하는 부정행위는 골퍼로서 실격이다. 해저드에서는 클럽을 지면에 대거나 돌맹이를 옮겨서는 안 된다. 규칙을 잘 모를 때의 공의 처리는 불리하도록 하면 틀림이 없을 것이다.

⑥ 티 샷

팅 그라운드에는 일반적으로 2개의 티마크가 있고 두 티마크의 뒤쪽 2클럽 이내에서 티 샷하면 된다. 이 범위를 벗어났을 경우 매치 플레이에서 벌타는 없으며 자신의 스트로크를 다시 하도록 요구할 수 있다. 스트로크 플레이에서는 2벌타를 받게 되며 올바른 구역 내에서 플레이해야 한다.

⑦ 경기 중 공에 관한 사항

공의 번호 등 식별 표시를 볼 수 없을 때는 자신의 공이라고 생각되는 공을 집어 확인할 수 있다. 단 자기 공의 번호나 식별 표시를 미리 얘기하고 마크를 해야 한다. 공이 있는 그 상태에서 플레이해야 하며 나무나 고정물을 움직이거나 구부리거나 부러뜨리는 행위, 꺾는 행위, 누르는 행위를 해서는 안된다.

공이 벙커나 워터 해저드 안에 있을 때는 다운스윙하기 전에 손이나 클럽으로 지면 또는 워터 해저드의 물에 접촉하는 행위를 해서는 안 된다. 또 루즈 임페디먼트(나뭇잎, 나뭇가지, 돌 등의 장애물)를 움직이는 행위를 해서는 안 된다.

자기 공이 아닌 다른 공을 쳤을 경우에는 매치 플레이에서는 그 홀에서 패배이며 스트로크 플레이에서는 2벌타, 올바른 공으로 플레이하여 시정해야 한다.

(1) 땅에 떨어져서 정지한 공에 대하여

잘못하여 자기의 공을 움직이게 했거나 허용되지 않는 공을 집어 올리거나 어드레스한 후에 공이 움직인 경우에는 1벌타 후 원래 자리에 갖다 놓는다. 자신과 상대, 자기 캐디 이외의 다른 사람에 의해 자기의 정지된 공을 움직인 경우에는 벌타 없이 공을 원래 자리에 갖다 놓는다. 정지된 공이 바람에 의해 움직이거나 저절로 움직인 경우에는 벌타 없이 그대로 경기를 진행한다.

(2) 정지하지 않은 공이 방향이 바뀌거나 정지 되었을 때

친 공이 자기 자신이나 상대방 또는 자신의 캐디나 휴대물에 의해 방향이 바뀌거나 정지된 경우는 1벌타이고 공은 그대로의 상태로 진행한다. 친 공이 정지해 있는 다른 공에 의하여 방향이 바뀌거나 정지된 경우는 벌타가 없으며 공이 놓인 그대로 진행한다. 단 스트로크 플레이에서는 스트로크하기 전에 공이 그린 위에 있었을 때 2벌타가 된다.

(3) 공을 집어 들 수 있는 경우

퍼팅 그린에서 공을 닦기 위해 공을 집어 들 수 있으나 반드시 집어 들기 전 공 위치를 마크해야 한다. 다른 위치에 드롭하기 위해서 공을 집어 들 수 있으나, 규칙에서 허용하는 항목에 따라야 한다. 공이 다른 플레이어에게 방해가 된다고 생각될 때에 자신의 공을 집어 들 수 있고 다른 공을 집어 들게 할 수 있으며 남의 공이 자신의 플레이에 방해가 될 수 있을 때에 그 공을 집어 들게 할 수가 있다. 퍼팅 그린 이외의 장소에서 집어 든 공은 닦아서는 안 된다.

(4) 공의 드롭

OB가 났을 경우, 연못에 공이 빠졌을 경우, 도로 위에 공이 놓였을 경우, 수리지역에 공이 놓였을 경우, 스트로크할 수 없는 나무(관목 등)숲 속으로 공이 들어갔을 경우, 움직일 수 없는 장애물과 비정상적인 코스 상태(캐주얼 워터, 수리지, 동물들에 의해 만들어진 구멍, 쌓인 흙 통로 등)로 인해 공의 라이 스탠스나 스윙에 물리적으로 방해가 되는 경우 규칙에 의해 벌타 없이 공을 집어 들어 가장 가까운 장소에서 드롭할 수 있다. 움직일 수 없는 장애물과 비정상적인 코스 상태일 경우는 벌타 없이 드롭할 수 있고 OB가 났을 경우, 연못에 공이 빠졌을 경우, 관목 숲에 공이 들어갔을 때에는 1벌타를 받는다.

(5) 재드롭

드롭한 공이 규정대로 놓여지지 않았을 경우는 벌타 없이 다시 드롭해야 한다.

해저드로 다시 굴러 들어간 경우, 해저드 안에서 굴러 나와 해저드 밖에 정지한 경우, 퍼팅 그린 위로 굴러 들어가 정지한 경우, OB로 굴러간 경우, 움직일 수 없는 장애물과 비정상적인 코스 상태로 다시 굴러간 경우, 공이 처음 떨어진 곳으로부터 2클럽 이상 굴러간 경우, 공이 처음 떨어진 지점보다 목표쪽으로 더 가까이 굴러간 경우에는 다시 드롭해야 한다. 현재 무릎 높이에서 재드롭할 수 있게 변경되었다.

(6) 드롭의 방법

똑바로 서서, 공을 든 팔을 펴서 어깨 높이만큼 들어 올린 상태에서 공을 자유 낙하시키면 된다.

(7) 움직일 수 있는 장애물

고무래, 빈 캔, 빈 통, 등 움직일 수 있는 인공물은 벌타 없이 움직일 수 있다. 그 결과로 공이 움직인 경우는 벌타 없이 제자리로 옮겨 놓고 진행해야 한다. 공이 장애물 위에 놓였을 때에는 장애물을 제거할 수 있으며 공이 놓였던 바로 아래 지점에 벌타 없이 드롭할 수 있다. 퍼팅 그린에서는 공이 놓였던 아래 지점에 놓으면 된다.

(8) 자연 장애물(루즈 임페디먼트)

자잘한 돌, 낙엽, 잔가지 등 자연적으로 떨어져 있는 것들을 말하며 공이 해저드에 있는 경우를 제외하고는 이런 것들을 제거할 수가 있다. 제거할 때에 공이 움직이는 원인이 되었다면 공을 원래 자리에 다시 놓아야 하며 1벌타가 된다. 퍼팅 그린에서는 마크하고 공을 주워 들 수 있으므로 벌타는 해당되지 않는다.

(9) 공의 분실

공이 연못 밖에서 분실된 경우 1벌타, 분실된 공을 쳤던 지점에서 다른 공으로 진행해야 한다. 공을 찾는데 허용되는 시간은 3분이며 이 시간이 초과하면 분실된 것으로 간주한다. 공을 쉽게 찾지 못 할 것이 분명해지면 후속 조에게 먼저 나아가도록 조처를 해야 하며 5분 이상 찾아본 후에 신호를 해서는 안 된다. 그 후 후속조가 지나가서 공의 도달 거리 밖으로 나간 후에 진행해야 한다.

⑽ 잠정구

샷을 한 후 워터 해저드 이외의 지역에서 분실의 염려가 있거나 OB의 염려가 있다고 생각한 경우 잠정구를 쳐야 한다. 그리고 잠정구라고 말해야 한다. 원래 친 공이 분실되거나 OB가 된 경우에는 1벌타 받고 잠정구로 진행해야 하고 원래의 공이 인바운드에서 발견된 경우에는 원래의 공으로 경기를 진행해야 한다.

(11) 언플레이어블 볼

연못(워터 해저드)이외의 코스 어디에서나 자신의 공을 칠 수 없다고 판단하면 (언플레이어블) 1벌타를 받고 다음 중 한 가지로 처리할 수 있다.

· 언플레이어블 공을 친 자리에서 다시 공을 친다.
· 홀과 공이 놓여 있던 자리를 연결한 직선의 연장선상의 공 뒤에 드롭하여 진행한다. 드롭 지점의 거리 제한은 없다.
· 공이 놓여 있는 지점으로부터 홀과 먼 쪽으로 2클럽 이내에 드롭하여 진행한다.

(12) 그린 위에서

· 마크하고 공을 집어 들고 닦을 수 있으며 그 공은 정확하게 원래 자리에 놓아야 한다.
· 공이 떨어져서 생긴 자국이나 오래된 홈 자국은 수리할 수 있으나 스파이크 자국 같은 다른 손상은 수리할 수 없다.
· 온 그린된 공끼리 충돌이 발생하면 양쪽 모두 1벌타이다. 충돌할 위험성이 있는 공은 마크하고 들어내야 한다.
· 그린 밖에서 어프로치한 공이 그린 위의 공에 충돌했을 때는 벌타 없음. 퍼팅할 때 깃대가 제거되었거나 깃대를 잡고 도우고 있는지를 확인한 후에 진행해야 한다.

⑧ 공의 드롭

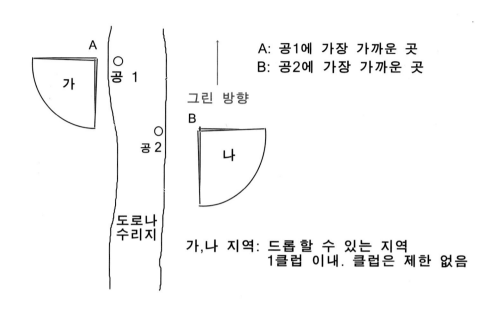

A: 공1에 가장 가까운 곳
B: 공2에 가장 가까운 곳

가,나 지역: 드롭 할 수 있는 지역
1클럽 이내. 클럽은 제한 없음

드롭 할 수 있는 범위도로나 수리지 드롭1

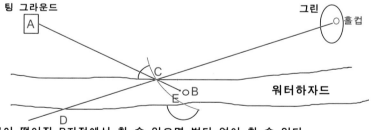

공이 떨어진 B지점에서 칠 수 있으면 벌타 없이 칠 수 있다.
1벌타 받고 다음중 선택할 수 있다.
팅그라운드에서 다른 공을 친다.
C,E부채꼴 내에 드롭하여 친다. 2크럽 이내
D의 연장선상에 드롭하여 친다. 거리는 자유

레터럴 워터 해저드, 워터 해저드

플레이어가 언플레이어블 선언한 경우
1벌타 받고 다음중 택일할 수 있다.

팅그라운드에서 다른 공을 친다.
B지점에서 2크럽 이내에 드롭해서 친다.
공이 떨어진 지점 B와 홀컵을 이은 선의 연장선상에
드롭해서 친다. 거리는 자유

페어웨이의 관목 숲 드롭2

변경된 골프 규칙(2019)
2019년 1월 1일부터 골프 규칙 중 일부가 변경되었다.

1. 경기를 쉽게 하기 위해 바뀐 규칙
①그린에서 스파이크 자국 등을 수리할 수 있다. 퍼팅라인을 접촉해도 괜찮다.
②두 번 치기가 나와도 벌타가 없다.
③우연히 볼이 움직인 경우라면 벌타 없이 원래 자리에 놓고 치면 된다.
④해저드는 패널티 구역이라는 이름으로 변경. 이전 해저드와 달리 나뭇잎 등을 옮기거나
　지면이나 물에 클럽을 접촉해도 무방하다.
⑤벙커에서 나뭇잎 등을 옮겨도 상관없다. 그러나 공 바로 옆 지면에 클럽을 대는 것은 여전히
　허용하지 않는다.
⑥벙커에 빠진 경우 2벌타를 받고 벙커 밖에서 플레이할 수 있다.
⑦공을 확인하기 위해 동반자에게 알리지 않고 공을 집어 들어도 상관없다.
⑧구제를 받아 공을 드롭할 때 공을 교체할 수 있다.
⑨플레이어가 스트로크한 공이 우연히 플레이어의 몸이나 휴대품을 맞혀도 벌타를 받지 않는다.

2. 경기 속도를 빠르게 하기 위한 규칙
①40초이내에 샷을 해야 한다.
②공을 찾는 시간을 5분에서 3분 이내로 변경.
③그린에서 홀에 깃대를 꽂아두고 퍼팅해도 된다.

④플레이 순서를 바꿀 수 있다.
⑤캐디가 골퍼의 허락을 받지 않고도 마크하고 공을 닦을 수 있다.
⑥캐디는 골퍼의 얼라인먼트를 도울 수 없다.
⑦재 드롭 절차 간소화. 어깨가 아닌 무릎 높이에서도 드롭할 수 있게 했다.
⑧공을 찾는 시간을 줄이기 위해 산악 지역 등을 패널티 지역으로 적용했다.

3. 캐주얼 골퍼만을 대상으로 하는 규칙
①분실구와 OB는 원래 샷을 한 자리가 아니라 공이 나간 자리에서 2벌타를 받고 칠 수 있다.
②한 홀에서 스코어 상한제를 실시할 수 있다.

❾ 골프 경기의 종류

(1) 스트로크 플레이

가장 많이 행해지는 방법이다. 스트로크의 그로스로 승부를 결정하기도 하고(스크래치: Scratch경기) 총 스트로크 수에서 핸디캡을 뺀 수치(네트)로 승부를 가린다.(언더 핸디캡 경기) 핸디캡이 동일하면 나이 감안. 실력 자체를 결정하는 선수권 경기 등은 스크래치 경기로 실시된다.

(2) 매치 플레이

각 홀마다 그 홀에서 가장 스코어가 좋은 사람을 승자로 한다. 이렇게 하여 이긴 홀의 수를 겨루어 간다. 최종 홀까지 가지 않아도 승패가 결정된 때는 거기서 경기가 종료된다.

(3) 포섬(Foursome)

2인 1조로 서로 논의하면서 하는 게임을 말하며 스트로크든 매치든 정하기 나름이다.

(4) 스리 볼 매치(Three ball match)

3인이 각각 상대해 가는 매치 플레이를 말함.

(5) 어게인스트 파(Against par)

홀마다 파(Par)에 도전하는 방법. 파를 한 경우를 0으로, 언더파면 플러스, 보기 이상을 치면 마이너스로 계산하여 종료 후 플러스가 가장 많은 사람이 우승.

(6) 포인트 터너(Point tourney)

파는 1점, 버디는 2점, 이글은 3점, 알바트로스는 4점으로 해서 종합 득점이 가장 많은 사람이 승자가 된다.

(7) 톰스턴(Tomston)

코스의 파 숫자와 자기 핸디캡 숫자를 합한 숫자만큼 1번 홀에서 차례로 쳐 나아가다가 합한 숫자와 같은 번호의 스트로크에서 가장 길게 친 사람을 우승자로 하는 게임.

골프란 인생살이와 같다. 마음을 비워야 스코어가 좋아진다. 욕심을 부리면 손해를 보는 문제가 생긴다. 정직해야 한다. 옆 사람을 배려해야 한다. 민폐를 끼치는 일은 하지 말아야 한다. 민폐를 끼치거나 정직하지 못하면 다음은 없다.

🌑 편집 후기

골프를 시작한 후 비디오도 보고 책도 몇 가지 읽고 레슨도 받아 보았지만 모두 시원하게 해결해 주지 않았다. 혼자 생각하여 이리저리 해 보았지만 역시 시원한 답을 얻지 못 했다. 그래서 골프채를 알아야 되지 않을까? 골프채는 어떻게 만들어 진 것일까? 골프채를 분석하기 시작했다. 의외로 과학적이고 인체 구조를 잘 이용하고 있는 구조라는 것을 알게 되었다. 여기서 자세와 스윙을 어떻게 해야 할지 답이 얻어졌다. 골프공에 최대의 충격을 가할 수 있는 자세와 스윙이 되어야 한다. 이 답을 두고 지난날을 돌이켜 보면 잘못된 것이 너무 많았다. 골프채의 구조를 제대로 알고 하는 사람을 거의 보지를 못 했다. 심지어는 프로 선수들마저도……. 인터넷에 골프 스윙에 관한 자료가 수도 없이 많지만 이것들 역시 잘못된 것들이 대부분이라는 사실도 알게 되었다. 왜? 골프채의 구조를 모르고 쓴 것들이 대부분이니까. 채를 알고 올바른 스윙 방법을 가르친다면 더 많은 사람들이 프로 선수가 될 수 있을 거라 생각했다. 그리고 장수명 선수들을 보면 채와 몸이 잘 조화되고 자연스러운 스윙을 한다.

세상에 없는 골프 책을 써 보자고 생각하고 원고 쓰고 사진 찍고 한지가 6년이 넘었다. 사진 찍는 일이 가장 어렵고 시간이 걸렸다. 표현의 문제, 장소의 문제, 카메라의 문제, 모델의 문제 등등 내가 표현하고자 하는 장면을 얻기가 쉬운 일이 아니었다. 카메라와 피사체의 각도가 조금만 비뚤어져도 원하는 사진이 안 되고 또 찍고 또 찍고를 거듭하였고 고가의 고속 촬영 카메라를 준비 할 수가 없어 이것 역시 또……또 그래도 안 되는 것은 그림으로 대체하였다. 10초짜리 광고를 찍는데 하루 종일 찍는다는 말이 실감나게 이해가 된다. 모델은 아마추어들로 하였는데 오히려 좋은 점이 있었다. 내 마음대로 할 수 있으니까? 하지도 않겠지만 프로를 이렇게 하다가는 프로 망친다. 촬영 장소는 별별 곳을 다 찾아 다녔다.

가장 중요한 것은 내가 하는 방법이 맞는지를 검정해야 하는 일이었다. 아마추어에게 누가 배우려고 하겠는가마는 그래도 가르칠 사람을 찾았다. 골프채의 구조가 어떻고 그래서 스윙은 이렇게 해야 하고 등등 설을 푼 결과 한 사람이 걸려들었다. 골프를 무척 좋아하는 분인데 점수는 바닥. 주 1회 12주를 가르쳤는데 한 분을 모셔 오는 일이 생겼다. 친구가 발전한 것을 보니 자기도 배워야겠다고 염치불구하고 왔단다. 그 이후 배우겠다는 분들이 줄을 섰다. 감당 불가능. 가장 말을 안 듣던 분도 1년 반 만에 항복을 했다. 이 분은 연습장만 갔다 오면 딴 짓을 했다. 가르치는 사람한테 지도 받는다나. 이만하면 검증은 된 셈이라고 생각했다. 골프는 알고 하면 그리 어려운 운동도 아니라는 생각을 해 본다. 책의 제목을 정하는데도 많은 논의가 있었다. '알고'라는 단어를 쓸 것인가 하는 문제 때문이었지만 많은 분들이 쓰는 데에 동의를 해 주었다.

용어 해설

골프 용어는 아주 많이 있다. 여기에는 실제 필드에서 골프경기를 할 때에 자주 사용하는 것들로 구성하였다.

골프 코스(Golf course): 골프를 할 수 있게 만들어진 곳으로 약 600,000㎡에서 1,000,000㎡ 정도 이고 18홀이 일반적이다.

관용성(Forgiveness): 공이 스윗 스팟을 다소 벗어나도 거리 손실이 크지 않고 방향성도 크게 벗어나지 않는 성질

그로스(Gross): 실제로 친 타 수. 토탈이라고도 한다.

그린(Green): 골프에서는 퍼팅을 하도록 정비해 놓은 구역.

그린 피(Green fee): 플레이어가 지불하는 골프 코스 사용료.

네트 스코어(Net score): 라운딩 총 타수에서 핸디캡을 뺀 나머지 수.

니 액션(Knee action): 스윙할 때 무릎의 움직임. 공을 강하게 치는데 중요한 요소이다.

다운 블로우(Down blow): 헤드가 내려가면서 공을 치게 되는 것.

다운힐 라이(Downhill lie): 공의 진행 방향이, 즉 왼발 쪽이 낮은 경사에 놓인 공.

더블 보기(Double bogey): 코스의 기준 타수(파)보다 2개 더 친 것.

더프(Duff): 공보다 뒤의 땅을 치는 미스 샷.

드로(Draw): 훅(hook)처럼 심하지는 않지만, 오른쪽에서 왼쪽으로 가볍게 휘는 샷(shot).

드롭(Drop): 규정에 의해 공을 주워서 어깨 높이로 다른 자리에 떨어뜨리는 행위. 원래 공의 자리보다 먼 거리에 떨어지게 홀컵을 향해서 똑바로 서서 무릎 높이 또는 선 자세로 팔 높이로 팔을 펴서 행한다.

디봇(Divot): 공을 칠 때 클럽 헤드가 잔디나 땅을 쳐서 페인 자국.

디센딩 블로우(Descending blow): 헤드가 최저점을 지나기 전에 공을 히트하는 방법.

라스트 골(Last goal): 그 해의 맨 마지막으로 하는 경기.

라운드(Round): 플레이하며 코스를 도는 것.

라이(Lie): 낙하된 공의 위치 또는 놓인 상태.

라인(Line): 골프에서 방향을 정하기 위해 공과 목표물을 연결하는 선을 주로 말함.

라인 업(Line up): 공과 홀을 연결하는 퍼팅선을 눈으로 정하는 것.

래터럴 워터 해저드(Lateral water hazard): 홀과 나란히 있는 물웅덩이 등의 장애물.

러프(Rough): 페어웨이 양쪽에 잡초나 잡목숲 나무 혹은 황무지가 그대로 나와 있는 지역.

런닝 어프로치(Running approach): 비교적 로프트가 적은 아이언으로 공을 구르게 하여 홀에 접근하게 하는 것.

레귤러 티(Regular tee): 일반적으로 사용하는 티. 이에 대해 백티, 프론트티가 있다.

레이디스 티(Ladies tee): 여성 전용 티. 일반적으로 붉은색 티마크를 사용한다.

레이 아웃(Lay out): 골프 코스의 모양새를 뜻한다.

레프트 핸드 플레이어(Left hand player): 왼손잡이 골퍼.

로스트 볼(Lost ball): 골프 진행중 잃어버린 공을 말함.

로스트 홀(Lost hole): 시합에 진 홀. 매치플레이를 할 때 사용되는 단어.

로컬 놀리지(Local knowledge): 코스마다의 특수성을 알고 있는 것.

로컬 룰(Local rule): 각 코스 특수 조건에 의해 설정되는 지엽적 규칙.

로프트(Loft): 골프채의 헤드 면이 수직선과 이루는 각.

롱 홀(Long hole): 코스의 기준 타수가 5이상인 긴 홀.

루즈 그립(Loose grip): 클럽을 느슨하게 쥔 것.

루즈 임페디먼트(Loose impediment): 코스 내에 있는 자연적인 장애물. 공에 닿아 있지 않은 것으로 땅 속에 박혀 있지 않은 돌, 나뭇잎, 짐승의 배설물 등을 말함. 이런 것들은 플레이할 때 공이 움직이지 않는 범위에서 제거해도 된다.

롤 오버(Roll dver): 공을 친 후에 클럽을 쥔 두 손을 앞으로 돌리는 것.

룩 업(Look up): 공을 친 순간 머리를 들어 목표를 보는 것. 헤드업과 같음.

리커버리 샷(Recovery shot): 잘못친 샷을 만회하기 위한 샷.

리콜(Recall): 규정을 위반한 상대방 선수에게 수정을 요구하는 것.

리페어(Repair): 골프 코스의 수리.

립(Lip): 홀의 녹색 경계 또는 벙커의 경계선.

링크스(Links): 골프 링크스의 약어. 보통은 골프 코스를 의미하지만, 본래는 Sea-side course를 말한다.

마스터 아이(Master eye): 공을 볼 때에 주로 사용하는 눈.

마운드(Mound): 벙커나 그린 주변에 있는 조그마한 산이나 언덕.

마커(Marker): 스트로크 플레이에서 플레이어의 스코어를 기록하기 위해 선임된 사람. 심판이 아닌 동반 경기자가 마커를 하게 된다.

매치 플레이(Match play): 각 홀마다 승부를 결정하는 싱글 매치의 경기방법. 각 홀마다 그 홀에서 가장 스코어가 좋은 플레이어를 승자로 한다. 최종 홀까지 가지 않아도 승패가 결정된 때는 거기서 경기가 종료된다.

먼슬리 컵(Monthly cup): 월례 경기의 우승 컵.

메달리스트(Medalist): 스트래치 경기에서 가장 적은 스코어를 낸 사람에게 주어지는 호칭.

메달 스코어(Medal score): 골프 시합에서 공을 친 수(스트로크 수). 페널티도 합산한다.

멘탈 게임(Mental game): 골프 게임은 심리적인 영향을 많이 받기 때문에 이렇게 부른다.

멘탈 해저드(Mental hazard): 심리적인 영향으로 잘 빠져 나오지 못하는 장애물.

미들 아이언(Middle iron): 5번 6번 아이언.

미들 홀(Middle hole): 코스의 기준 타수가 4인 골프 코스. 길이 230~430m.

바든 그립(Vardon grip): 해리 바든이 창안한 그립. 오버 랩핑 그립을 말한다.

바이트(Bite): 공에 강한 백 스핀을 가하는 것.

백스윙(Back swing): 어드레스 자세에서 스윙 탑까지 어깨 회전에 의해 채를 들어올리는 동작.

백 스핀(Back spin): 공을 바르게 쳤을 때 공이 후 방향으로 회전하는 현상이다.

백 티(Back tee): 골프 코스의 가장 뒤에 있는 티. 정규 거리는 백 티로부터 계산된다. 백 티 외에 미들 티, 프론트 티, 레이디스 티가 있다.

버디(Birdie): 골프 코스의 기준 타수보다 1타 적게 친 것.

버피(Buffy): 4번 우드를 말한다.

벙커(Bunker): 코스내의 모래로 채워져 있는 웅덩이.

벙커 샷(Bunker shot): 모래 웅덩이에서 골프공을 치는 것.

베어 그라운드(Bare ground): 잔디나 풀이 나지 않은, 흙이 드러난 곳.

보기(Bogey): 골프 코스의 기준 타수보다 1타수 더 친 경우.

보기 플레이어(Bogey player): 기준 타수 72의 골프 코스에서 90타 전후로 한 라운드를 끝내는 사람.

부비 메이커(Booby maker): 함께 골프 라운딩한 사람 중 제일 스코어가 낮은 사람이다.

브라시(Brassie): 우드 2번을 말한다.

V 세입(V shape): 그립에서 엄지와 집게손가락이 만드는 모양.

블라인드(Blind): 골프 경기에서 다른 조의 사람들과 스코어만으로 승부를 겨루는 것. 또는 장애물에 가려서 목표 지점이 보이지 않는 경우.

블라인드 홀(Blind hole): 팅 그라운드에서 그린이 보이지 않는 홀.

블라스트(Blast): 벙커에서 모래와 함께 크게 치는 것.

블레이드(Blade): 아이언 클럽의 밑면 칼날처럼 되어 있는 곳.

블로우(Blow): 강하게 치는 것과 날리는 것.

비스크(Bisk): 약한 경기자에게 주는 1스트로크의 핸디캡. Bisque.

비지터(Visitor): 회원이 아닌 골퍼.

사이드 블로우(Side blow): 스윙 중 헤드의 최저점에서 공을 치게 하는 것.

사이드 스핀(Side spin): 공의 진행 방향과 공의 회전축이 직각이 되지 않은 회전. 공을 옆으로 휘게 하는 원인이 된다.

생크(Shank): 클럽 샤프트의 뒷부분(헤드의 뒤)으로 공을 친 것. 미스샷의 일종.

샷(Shot): 골프에서 클럽으로 공을 치는 것.

써키트(Circuit): 순회 경기.

셋업(Set up): 골프공을 치기 위해 자세를 취하는 것.

소켓(Socket): 클럽 헤드와 샤프트가 연결되는 부위.

솔(Sole): 헤드의 아래 부분. 땅에 닿는 부분.

쇼트 게임(Short game): 어프로치 정도의 단거리 게임.

쇼트 아이언(Short iron): 7, 8, 9번 아이언.

쇼트홀(Short hole): 기준 타수가 3인 홀. 길이 230m이하의 홀.

스웨이(Sway): 스윙 과정에서 몸의 중심이 좌우 또는 상하로 움직이는 것.

스윗 스팟(Sweet spot): 클럽페이스의 중심점.

스윕 오프(Sweep off): 쓸어 내듯 공을 치는 것.

스윙(Swing): 공을 치기 위한 어드레스에서 피니시까지의 동작.

스윙 웨이트(Swing weight): 골프채를 휘두를 때에 느끼는 무게.

스커프(Scuff): 바로 공 뒤의 땅을 치는 것.

스코어(Score): 각 홀의 타수 또는 총 타수.

스쿠프(Scoop): 아이언 클럽으로 공을 높이 쳐내는 것.

스퀘어 스탠스(Square stance): 타겟 라인과 직각으로 서는 것.

스크래치 시스템(Scratch system): 핸디캡 없이 스트로크만으로 겨루는 경기.

스탠스(Stance): 어드레스 자세를 취하고 서는 것.

스테디 플레이어(Steady player): 안정된 플레이를 하는 사람 또는 건전한 기법의 플레이어.

스트레이트 암(Staight arm): 굽지 않고 쭉 뻗은 팔. 스윙할 때에 매우 중요한 사항이다.

스트로크(Stroke): 경기 규정에서는 공을 치는 것. 골프에서는 스윙 동작을 뜻한다.

스트로크 플레이(Stroke play): 핸디캡 없이 총 스트로크만으로 승부를 결정하는 경기 방식. 스트로크(타수)가 적은 사람이 승자가 된다.

스티프(Stiff): 뻣뻣한 샤프트 또는 굳은 자세.

스파이크(Spike): 못이라는 뜻이며 골프에서는 미끄럼 방지를 위하여 못이 달린 신발을 말함. 요즘의 골프화는 금속 못 대신 플라스틱으로 된 것을 사용한다. 잔디를 보호하기 위함이다.

스푼(Spoon): 우드 3번.

슬라이스(Slice): 공이 오른쪽으로 휘어져 날아가는 것.

싱글(Single): 경기에서 2인이 라운드하는 것. 혹은 핸디캡이 1~9까지인 사람.

아마추어(Amateure**):** 보수나 이익을 목적으로 하지 않고 순수한 스포츠로 경기(play)하는 사람.

아미(Army**):** 전반 9홀의 성적으로 핸디캡을 정하는 것.

아웃(Out**):** 골프에서는 공이 놓인 목표선(Taget line)보다 몸에서 먼 쪽을 아웃 또는 아웃사이드(Out side)라고 한다. 몸에서 가까운 쪽은 인(In) 또는 인사이드(In side)라고 한다.

아웃 드라이브(Out drive**):** 상대방보다 멀리 드라이브하는 것.

아웃사이드 에이전시(Out side agency**):** 경기자 측에 관계가 없는 국외자. 마커 심판원 위원이 고용한 캐디 등을 말한다.

아이언(Iron**):** 우드(요즘은 대부분 금속제) 이외의 헤드가 금속으로 만든 골프채로 방향성이 좋게 만들어진 채.

아크(Arc**):** 스윙할 때에 만들어지는 헤드의 궤적.

알바트로스(Albatross**):** 기준 타수(파)보다 3개 적게 친 것.

에버리지골퍼(Average golfer**):** 18홀(파72)을 90~95타 정도로 치는 일반인.

어게인스트 윈드(Against wind**):** 맞바람.

어게인스트 파(Against par**):** 골프 경기의 한 방식. 파를 치면 0, 언더파 치면 +1, 보기 이상 치면 −1 로 하여 플러스 점수가 많은 사람이 우승하는 경기 방식.

어드레스(Address**):** 공을 치기 위한 자세, 자세를 취하는 것.

어드바이스(Advice**):** 플레이어에 대한 결단, 채의 선택, 샷(스트로크) 방법에 대해서 조언하는 것으로 골퍼는 조언을 받을 수 없다. 룰에 대한 조언을 하거나 받아 들이면 벌점 2타가 부과된다.

옵스트럭션 (Obstruction**):** 장애물.

어센딩샷(Ascending shot**):** 스윙 호의 최저점을 지나 올라가면서 볼을 맞히는 타법.

어테스트(Attest**):** 경기에서 상대방의 스코어를 확인하는 것.

어포넌트(Opponent**):** 함께 경기하는 상대를 말함.

어프로치 퍼트(Approach putt): 공을 홀 가까이 가도록 하는 긴 퍼트.

언더리페어(Under repair): 코스 안의 수리 지역. 흰 선 또는 붉은 말뚝으로 표시하며 공이 이 안에 들어갔을 때는 벌점 없이 드롭할 수 있다.

언더 클러빙(Under clubbing): 거리상 필요로 하는 채보다 짧은 채를 사용하는 것.

언더파(Under par): 기준 타수보다 적은 타수로 친 것.

언듀레이션(Unduration): 코스 내의 높고 낮은 기복.

언플레이어블 라이(Unplayable lie): 공을 칠 수 없는 지역이나 플레이하기에 부적절한 상태에 공이 놓인 경우.

업(Up): 이긴 회수를 말하며 원업 투업으로 센다.

업라이트 스윙(Upright swing): 헤드 스윙 궤도가 수직 쪽으로 가깝게 되는 스윙으로 수평 쪽으로 가깝게 되는 스윙에 대해 상대적이다.

에지(Edge): 홀, 그린, 벙커 등의 가장자리.

엑스트라 홀(Extra hole): 연장전에서 사용하는 홀.

오너(Honor): 티 그라운드에서 먼저 티 샷을 하는 영광. 첫 티에서는 제비를 뽑아 정하고 그 후는 전 홀에서 타수가 제일 적은 사람에게 오너의 자격이 주어진다.

오버(Over): 공이 목표보다 더 멀리 날아 간 것. 기준 타수보다 많이 쳤을 때에 오버 파 라고 한다. 원 오버 파(보기).

오버랩핑 그립(Overlapping grip): 오른손 약지를 왼손 검지와 중지 사이에 위치하게 채를 잡는 방법.

오버 스윙(Over swing): 스윙 탑에서 필요 이상으로 과도하게 회전하는 것. 흔히 채가 수평보다 더 낮게 쳐진 경우를 말한다.

오버 스핀(Over spin): 공이 날아가는 방향과 같은 방향으로 회전하는 것. 공이 뜨지 못하고 낮은 쪽으로 떨어진다.

오버파(Over par): 기준 타수보다 많이 친 것.

오비(OB): Out of bounds 의 약자. 플레이 금지 구역.

오즈(Odds): 이긴 수 또는 약한 상대에게 주는 핸디캡.

오픈게임(Open game): 아마추어와 프로가 한꺼번에 라운드를 해서 기술을 다투는 게임.

오픈스탠스(Open stance): 양 발 끝을 이은 선이 타겟라인과 타겟쪽으로 벌어지게 선 것.

오피셜 핸디캡(Official handicap): 공적으로 인정받은 핸디캡.

온(On): 공이 그린위에 있는 것.

온 그린(On green): 공이 그린 위에 떨어져 있는 것.

왜글(waggle): 공을 치기 전에 채를 좌우로 흔드는 것.

워터 해저드(Water hazard): 코스 내에 있는 연못, 호수, 습지, 물이 흐르는 곳 등의 장애물을 이름.

원 라운드(One round): 골프 코스(18홀)를 한 바퀴 도는 것

원 온(One on): 공을 한 타로 그린에 올려놓는 것.

원 피스 스윙(One piece swing): 전체 기능이 일체화 된 백스윙.

웨이트 시프트(Weight shift): 스윙 과정에서 체중의 이동 상태를 말함.

웨지(Wedge): 피칭이나 벙커에서 사용하는 채. 블레이드가 쐐기 모양으로 되어 있어서 공 밑으로 밀어 넣기가 쉽게 되어 있다.

이글(Eagle): 기준 타수보다 하나 덜 친 경우.

이메이지너리 라인(Imaginary line): 공을 홀에 넣기 위해 공에서 홀까지 공을 굴려야 하는 상상의 직선 혹은 곡선.

익스플로전 샷(Explosion shot): 벙커에서 공을 높게 쳐야 할 경우에 공 밑의 모래를 쳐서 모래를 흩뜨리며 공을 쳐 올리는 샷. 그린 주변의 턱이 높은 벙커에서 사용.

인 바운드(In bound): 경기 가능한 구역.

인 코스(In course): 18홀 코스에서 1~9번까지의 홀. 10~18까지의 홀은 아웃 코스.

인터록킹 그립(Interlocking grip): 오른손 약지와 왼손 검지를 걸고 채를 잡는 방법.

임팩트(Impact): 헤드가 공을 때려 충격을 가하는 것.

저크(jerk): 급격한 스윙으로 채를 휘둘러 바른 스윙이 되지 못하는 것.

제너럴 룰(General rule): 골프 협회가 정한 규칙.

칩 샷(Chip shot): 공을 굴리는 샷. 런닝 어프로치라고도 함.

칩 인(Chip in): 칩 샷에 의해 공이 홀로 들어가는 것.

캐디(Caddie): 플레이어를 따라다니며 클럽 등을 운반해 주는 사람.

캐리(Carry): 공이 공중을 나는 거리.

커트(Cut): 비스듬히 공을 끊는 타법.

컨트롤(Control): 스윙, 샷 등의 제어력.

컨트리 클럽(Country club): 전원 클럽이란 뜻이었으나 지금은 멤버제 골프 클럽을 의미한다.

컴팩트(Compact): 완전한 스윙 등을 의미함.

컴페티션(Competition): 경기.

컵(Cup): 그린 위의 홀을 의미한다. 우승컵을 말하기도 한다.

컷업(Cut up): 공을 끊어 쳐서 높게 때리는 것.

코스(Course): 골프 코스를 말함.

코스 레이트(Course rate): 코스의 여러 가지 조건을 고려하여 정한 코스의 난이도.

콕(Cock): 백스윙 시 손목이 꺾이는 것.

쿼터 스윙(Quarter swing): 풀스윙의 1/4 정도 하는 백스윙.

크로스 벙커(Cross bunker): 페어웨이를 비스듬히 끊어 만든 벙커.

클럽(Club): 골프공을 치기 위해 만든 도구.

클럽 하우스(Club house): 골프를 하는 사람들이 식사, 옷 갈아입기, 목욕, 휴식 등을 하는 건물.

클럽 핸디캡(Club handicap): 각 클럽에 등록된 핸디캡.

클로스 스탠스(Close stance): 양 발끝을 이은 선이 타겟 라인과 타겟 반대방향으로 넓어지게 서는 것.

클리크(Cleek): 우드 5번을 이름.

클린(Clean): 잔디나 흙을 치지 않고 공만을 치는 것.

킥(Kick): 공이 떨어질 때에 튀어 제자리로 오는 것.

타이(Tie): 동점.

테이크어웨이(Takeawawy): 백스윙 시작 단계에서 어깨가 회전하며 채를 90°회전시켜 수평으로 들어올리는 동작.

토우(Toe): 헤드의 앞 끝부분.

토나먼트(Tournament): 경기.

토탈(Total): 총합계. 타수의 총합계.

톱(Top): 1위. 혹은 백스윙의 정점.

투피스 볼(Two piece ball): 심을 고탄성의 재질로 싼 공.

트랩(Trap): 미국에서 벙커를 이르는 말.

트러블 샷(Trouble shot): 나쁜 타구. 치기 나쁜 샷.

티(Tee): 각 홀에서 제1타를 치는 장소. 팅 그라운드의 생략된 말.

티 마크(Tee mark): 공을 치기 시작하는 지점을 나타내는 표시.

티 샷(Tee shot): 티에서 공을 치는 것.

티업(Tee up): 공을 치기 위해 공을 티에 놓는 것.

티잉그라운드(Teeing ground): 각 홀의 제1구를 치기 위해 설치해 놓은 장소. 거리와 홀의 생김새, 벙커의 위치, 홀의 난이도 등이 표시되어 있다. 난이도는 1~18로 분류하며 1이 가장 어려운 홀이 된다.

Ⓟ

파(Par): 홀마다의 기준 타수.

파트너(Partner): 포섬 경기 등에서 짝이 되는 사람을 일컫는 말.

팔로우스루(Follow through): 임팩트 후 클럽 헤드의 움직임을 정지하지 않고 계속해서 스윙하는 것. 어깨의 회전을 계속함으로써 이루어진다.

팔로우 윈드(Follow wind): 목표 방향으로 부는 바람. 비거리가 늘어난다.

패스(Pass): 뒤 팀을 통과시키는 것.

퍼블릭 코스(Public course): 멤버 없이 일반에게 개방된 코스.

퍼터(Putter): 그린에서 공을 홀컵에 넣기 위해 사용하는 채.

퍼트(Putt): 그린에서 홀컵을 향해 공을 치는 것.

퍼팅라인(Putting line): 공과 홀컵 사이에 그리는 가상의 선으로 공이 굴러가야 할 궤적.

페널티(Penalty): 벌타. 여러 가지가 있음.

페어웨이(Fairway): 팅 그라운드와 그린까지의 잘 손질된 잔디 지역.

페이드(Fade): 공이 떨어지기 직전에 속도가 줄며 오른쪽으로 휘는 것.

페이스(Face): 채의 타구면.

포기브니스(Forgiveness): 관용성.

포섬(Foursome): 2인이 1조를 이루어 작전을 상의하면서 하는 게임으로, 스트로크인지 매치플레이인지 선택할 수 있다.

포워드 프레싱(Forward pressing): 백스윙을 하기 전에 오른쪽 무릎을 타겟 쪽으로 가볍게 밀어 움직이면서 채를 가볍게 흔드는 행동으로 채에 탄력을 주기 위해서다.

포인트 터니(Point tourney): 파는 1점, 버디는 2점, 이글은 3점, 알바트로스는 4점으로 상정해서 점수가 많은 사람이 승자가 되는 게임 방식.

푸시(Push): 밀어 치는 것. 푸시 샷(Push shot). 스윙은 인사이드에서 아웃 방향으로 헤드 페이스는 열린 상태가 되어 공은 오른쪽으로 곧게 날아간다. 오른쪽으로 휘는 슬라이스와는 다르다.

풋 액션(Foot action): 스윙할 때의 발의 움직임.

풀(Pull): 끌어 치기. 아웃사이드 인의 스윙 왼쪽으로 곧게 공이 날아간다. 왼쪽으로 휘어 날아가는 훅과는 다르다.

풀 스윙(Full swing): 스윙 아크를 최대로 크게 한 스윙.

프리비저널 볼(Previsional ball): 공이 분실되었거나 OB, 워터 해저드에 들어갔을 때 그 위치에서 대신 치는 공.

프론트 티(Front tee): 제일 뒤쪽에 있는 백 티의 앞에 있는 티.

플라이어 라이(Flier lie): 풀이 공을 받쳐 떠 있는 상태의 공.

플래그(Flag): 깃발. 홀에 꽂혀 있는 핀.

플랫(Flat): 스윙 궤도가 평면 쪽으로 가까운 것. (플랫 스윙)

플레이스(Place): 공을 집어서 다시 놓는 것.

플루크(Fluke): 요행. 우연히 맞는 것. 예기치 않았던 행운 샷 등.

피니시(Finish): 스윙 완료의 자세. 마지막 홀을 끝내는 것.

피버트(Pivot): 비트는 것. 허리를 회전시키는 것.

피치 샷(Pitch shot): 로프트가 큰 채로 공을 높이 올려치는 것.

피치 앤 런(Pitch and run): 공을 높게 띄워 치고 떨어진 후 굴러가게 치는 것.

피칭 웨지(Pitching wedge): 공을 띄워 칠 수 있게 로프트를 크게 만든 채.

픽 앤 셔블(Pick and shovel): 웅덩이 등에 들어간 공을 쳐 올려 위기에서 탈출하는 타법.

픽 업(Pick up): 공을 집어 드는 것. 스트로크 경기의 경우는 경기를 포기하는 것이 되므로 절대로 경솔하게 픽업해서는 안 된다. 매치 플레이에서는 경우에 따라 컨시드하는 경우도 있다.

핀(pin): 홀에 꽂힌 깃대를 말 함.

핑거 그립(Finger grip): 양손의 손가락으로 채를 감아쥐는 법.

하드 럭(Hard luck): 나쁜 운. 배드 럭(Bad luck)

하버드 매치(Harvard match): 무승부가 된 경기.

하프(Half): 스코어가 동수인 것. 혹은 핸디캡에 의해 양자가 동점이 되는 것.

하프 샷(Half shot): 풀스윙의 절반 정도의 스윙으로 치는 것.

해저드(Hazard): 벙커, 바다, 개울, 연못 등을 포함한 장애물.

핸드 다운(Hand down): 어드레스 할 때에 두 손으로 누르는 듯한 자세.

핸디캡(Handicap): 플레이어의 능력을 나타내는 말로 잘하는 사람이나 비기너에게도 평등하게 이길 수 있는 기회를 주기 위해 못하는 사람의 타수에서 빼 주는 타수.

헤드 스틸(Head still): 스윙할 때 머리를 움직이지 않는 것.

헤드 업(Head up): 공을 치는 순간 머리를 들거나 올리는 것.

헤드 커버(Head cover): 주로 우드의 헤드 부분이 손상되지 않도록 헤드에 씌우게 만든 덮개.

호젤(Hosel): 아이언 클럽(채) 헤드를 샤프트에 고정하는 이음매부분.

홀(Hole): 그린에 만들어 놓은 공을 넣는 구멍. 지름 4.24인치, 깊이 4인치, 바닥 위에 1인치 이상을 남겨 놓아야 한다.

홀 아웃(Hole out): 홀에 공을 넣어 한 홀의 플레이가 끝난 것.

홀인원(Hole in one): 제 1타가 홀컵으로 들어 간 것을 말함.

홈(Home): 18번 홀의 그린을 말한다.

홈 코스(Home course): 자기가 속한 클럽의 골프 코스.

훅(Hook): 왼쪽으로 휘어져 날아가는 공.

힐(Heel): 발꿈치. 채의 뒷부분.